Contacting the Editors

Every effort has been made to provide accurate information in this publication, but changes are inevitable. The publisher cannot be responsible for any resulting loss, inconvenience or injury. We would appreciate it if readers would call our attention to any errors or outdated information. We also welcome your suggestions; if you come across a relevant expression not in our phrase book, please contact us at: hello@insightguides.com

All Rights Reserved
© 2016 Apa Digital (CH) AG and Apa Publications (UK) Ltd.

First Edition: 2016
Printed in China

Cover & Interior Design: Pawel Pasternak
Production: AM Services
Production Manager: Vicky Glover
Cover Photo: Shutterstock

Interior Photos: Shutterstock

CONTENTS

FOOD & DRINK

GOING OUT

DICTIONARY

PRONUNCIATION

This section is designed to make you familiar with the sounds of Dutch by using our simplified phonetic transcription. You'll find the pronunciation of the Dutch letters and sounds explained below, together with their 'imitated' equivalents. This system is used throughout the phrase book: simply read the pronunciation as if it were English, noting any special rules below.

Stress has been indicated in the phonetic transcription with underlining.

Dutch has many vowel sounds, and some may be unfamiliar to your ear. The best approximation is provided overleaf, but try to listen to Dutch speakers to begin to develop accuracy in pronunciation.

Dutch counts over 20 million speakers worldwide and is the principal language of Nederland (the Netherlands), often incorrectly referred to as Holland (North-Holland and South-Holland are Dutch provinces). Linguistically, Dutch is closely related to English and German, and you'll find that the majority of the population has at least basic knowledge of English. This shouldn't stop you from practicing your Dutch; your efforts will be greatly appreciated.

The Flemish dialect is an official language in België (Belgium). Though Dutch and Flemish differ somewhat in vocabulary and pronunciation, each is easily understood by speakers of the other. Both Belgium and the Netherlands use a common literary language, Standard Dutch.

Dutch is an official language in some of its current and former territories, such as the Netherlands Antilles and Suriname. Dutch is also the parent language of Afrikaans, one of South Africa's official languages.

CONSONANTS

Letter	Approximate Pronunciation	Symbol	Example	Pronunciation
ch	ch as in loch	kh	nacht	nahkht
d	1. as in English	d	dag	nohch
	2. t as in cat, if at the end of a word	t	bed	beht
g	ch as in loch	kh	groot	khroat
j	y as in yes	y	ja	yaa
r	r as in ran, but rolled	t	rijst	riest
s	always hard as in pass	s	stop	stohp
sch	s followed by ch, as in loch	skh	schrijven	skhrie • vuhn
v	f as in fan	f	vader	faa • duhr
w	v as in van	v	water	vaa • tuhr

Letters b, c, f, h, k, l, m, n, p, q, t, x, y, z are generally pronounced as in English.

VOWELS

Letter	Approximate Pronunciation	Symbol	Example	Pronunciation
a	like a in father	ah	nacht	nahkht
aa	aa as in aardvark	aa	maar	maar
e	1. e as in red	eh	bed	beht
	2. u as in up	uh	meneer	muh • nayr
ë	u as in up	uh	drieën	dree • yuhn
ee	ay as in hay	ay	nee	nay
i	1. i as in bit	ih	kin	kihnt
	2. ee as in seen	ee	mini	mee • nee

o	o as in not	oh	pot	*poht*
oo	o as in boat	oa	roos	*roas*
u	1. u as in up	uh	bus	*buhs*
	2. ew as in new	ew	nu	*new*
uu	ew as in new	ew	duur	*dewr*

VOWEL COMBINATIONS

Letter	Approximate Pronunciation	Symbol	Example	Pronunciation
ie*	ee as in seen	ee	zien	*zeen*
ei*	ie as in tie	ie	klein	*klien*
ij**	1. ie as in ie	ie	wij	*wie*
	2. u as in up	uh	lelijk	*<u>lay</u> • luhk*
oe	oo as in too	oo	hoeveel	*<u>hoo</u> • fayl*

Letter	Approximate Pronunciation	Symbol	Example	Pronunciation
ou, au	ow in now	ow	koud	*kowt*
			auto	*<u>ow</u> • toa*
eu	u as in murky	u	deur	*dur*
ui	aw as in awe	aw	huis	*haws*

* Called **korte ei** (short i).
** Called **lange ij** (long i).

HOW TO USE THE APP

Quickly access your recently viewed entries

Look up words and phrases on-the-go

Conveniently navigate the phrasebook categories

Change font size and background color

Save the most useful everyday words and phrases to your Favorites

Use the Flash Cards Quiz to learn and memorize new words easily

Take all digital advantages of the app: listen to words and phrases pronounced by native speakers

No SIM 📶 18:16

Insight Guides D......

Is there a traditional Dutch/an inexpensive restaurant near here?

Is er een traditioneel Nederlands/ goedkoop restaurant in de buurt?

ihs ehr uhn traa·dee·shoa·nayl nay·duhr·lahnds/ khoot·koap rehs·toa·rahnt ihn duh bewrt

Can you reco...   A table for......

Phrasebook   Tools   Catalogue   Favourites   Info

To learn how to activate the app, see the inside back cover of this phrasebook.

GRAMMAR

REGULAR VERBS

All regular Dutch verbs follow the same conjugation pattern in the present tense: add **-t** to the verb root in the second and third person singular (unless the verb ends in **t**), and add **-en** to the verb root in all plural forms. The past tense of regular verbs is formed by adding **-te(n)** or **-de(n)** to the root. The future tense consists of the auxiliary verb **zullen** (will) + infinitive. Below are the present, past and future forms of the regular verb **werken** (to work).

WERKEN (TO WORK)		PRESENT	PAST	FUTURE
I	ik	werk	werkte	zal werken
you *(sing., for./inf.)*	u/jij	werkt	werkte	zal werken
he/she	hij/zij	werkt	werkte	zal werken
we	wij	werken	werkten	zullen werken
you *(pl.)*	jullie	werken	werkten	zullen werken
they	zij	werken	werkten	zullen werken

for. = formal inf. = informal pl. = plural sing. = singular

IRREGULAR VERBS

There are numerous irregular verbs in Dutch. These must be memorized. Below are the present tense conjugations for the frequently used verbs **hebben** (to have) and **zijn** (to be).

		HEBBEN (TO HAVE)	ZIJN (TO BE)
I	ik	heb	ben
you *(sing., for./inf.)*	u/jij	heeft/hebt	bent
he/she	hij/zij	heeft	is

		HEBBEN (TO HAVE)	ZIJN (TO BE)
we	wij	hebben	zijn
you *(pl.)*	jullie	hebben	zijn
they	zij	hebben	zijn

IMPERATIVES

In Dutch, the imperative is derived from the second person plural or singluar (you) form in the present tense. When using the imperative with we, add **laten** (let) + the infinitive, as in English.

you *(inf.)*	**Ga! (Go!)**
you *(pl., inf.)*	**Ga! (Go!)**
you *(for.)*	**Gaat! (Go!)**
we	**Laten we gaan! (Let's go!)**

NOUNS & ARTICLES

Nouns are either masculine m, feminine f, or neuter. Masculine and feminine nouns take the definite article **de**, neuter nouns take **het**. All nouns take the indefinite article **een** (a/an).
The plural is generally formed by adding **en**; most nouns ending with **je**, **el**, **em**, **en** and **aar** take **s**. For a few nouns, the plural is formed by adding **'s**:

de deur (the door), **de deuren** (the doors)
het huis (the house), de huizen (the houses)
het café (the cafe), **de cafés** (the cafes)
de bikini (the bikini), **de bikini's** (the bikini's)

WORD ORDER

Word order in Dutch is generally as in English, i.e. subject-verb-object.
De man zoekt de fiets. The man searches for the bike.
Questions can be formed in Dutch:
1. by inverting the subject and verb:
Kunt u me helpen? Can you help me?
2. by using a question word + the inverted order:
Waar ben je? Where are you?

NEGATION

To negate a statement, place **niet** (not) after the verb, or after the object.
Ik rook niet.   I don't smoke.
Ik heb de kaartjes niet.   I don't have the tickets.
For nouns, the negation is made by adding **geen.**
Ik heb geen sigaretten.   I have no cigarettes.

ADJECTIVES

Adjectives usually end with an **e** (with the exception of a singular neuter noun), for example:
de kleine jongen (the small boy)
However, **e** is not added when the adjective follows the noun, or when the noun is preceded by **elk/ieder** (each), **veel** (much), **zulk** (such) and **geen** (no).

Examples:
de jongen is klein (the boy is small)
geen warm water (no warm water)

COMPARATIVE & SUPERLATIVE

In Dutch the comparative of an adjective is usually formed by
adding **-er** to the end of the adjective.
Examples:
klein **(small)**   kleiner **(smaller)**
The superlative of an adjective is usually formed by adding **-st** to
the end of the adjective.
Examples:
klein (small)   **kleinst** (smallest)

ADVERBS & ADVERBIAL EXPRESSIONS

In Dutch, adverbs are usually identical to the adjectives but,
unlike adjectives, their endings don't change.
Examples:
Adjective: **het lekkere eten** the good food
Adverb: **het eten is lekker** the food is good

GETTING STARTED

THE BASICS

NUMBERS

NEED TO KNOW

0	**nul**	*nuhl*
1	**één**	*ayn*
2	**twee**	*tvay*
3	**drie**	*dree*
4	**vier**	*feer*
5	**vijf**	*fief*
6	**zes**	*zehs*
7	**zeven**	*zay•fuhn*
8	**acht**	*ahkht*
9	**negen**	*nay•khuhn*
10	**tien**	*teen*
11	**elf**	*ehlf*
12	**twaalf**	*tvaalf*

13	**dertien**
	dehr • teen
14	**veertien**
	fayr • teen
15	**vijftien**
	fief • teen
16	**zestien**
	zehs • teen
17	**zeventien**
	zay • fuhn • teen
18	**achttien**
	ahkh • teen
19	**negentien**
	nay • khuhn • teen
20	**twintig**
	tvihn • tuhkh
21	**eenentwintig**
	ayn • uhn • tvihn • tuhkh
22	**tweeëntwintig**
	tvay • uhn • tvihn • tuhkh
30	**dertig**
	dehr • tihkh
31	**eenendertig**
	ayn • uhn • dehr • tihkh
40	**veertig**
	fayr • tihkh
50	**vijftig**
	fief • tihkh
60	**zestig**
	zehs • tihkh
70	**zeventig**
	zay • fuhn • tihkh
80	**tachtig**
	tahkh • tikh

90	**negentig**	_nay_ • khuhn • tihkh
100	**honderd**	_hohn_ • duhrt
101	**honderdéén**	_hohn_ • duhrt • ayn
200	**tweehonderd**	_tvay_ • hohn • duhrt
500	**vijfhonderd**	_fief_ • hohn • duhrt
1,000	**duizend**	_daw_ • zuhnt
10,000	**tienduizend**	_teen_ • daw • zuhnt
1,000,000	**één miljoen**	_uhn_ mihl • yoon

ORDINAL NUMBERS

first	**eerste**	_ayr_ • stuh
second	**tweede**	_tvay_ • duh
third	**derde**	_dehr_ • duh
fourth	**vierde**	_feer_ • duh
fifth	**vijfde**	_fief_ • duh
once	**één keer**	_ayn_ kayr
twice	**twee keer**	_tvay_ kayr
three times	**drie keer**	_dree_ kayr

TIME

NEED TO KNOW

What time is it?	**Hoe laat is het?** *hoo laat ihs heht*
It's noon [midday].	**Het is twaalf uur 's middags.** *heht ihs tvaalf ewr smih • dahkhs*
At midnight.	**Om middernacht.** *ohm mih • duhr • nahkht*
From nine o'clock to 5 o'clock.	**Van negen tot vijf.** *fahn nay • khuhn toht fief*
Twenty after [past] four.	**Tien voor half vijf.** *teen foar hahlf fief*
A quarter to nine.	**Kwart voor negen.** *kvahrt foar nay • khuhn*
5:30 a.m./p.m.	**Half zes 's morgens/Half zes 's avonds.** *hahlf zehs smohr • khuhns/hahlf zehs saa • fohnts*

DAYS

NEED TO KNOW

Monday	**maandag**
	maan • dahkh
Tuesday	**dinsdag**
	dihns • dahkh
Wednesday	**woensdag**
	voons • dahkh
Thursday	**donderdag**
	dohn • duhr • dahkh
Friday	**vrijdag**
	frie • dahkh
Saturday	**zaterdag**
	zaa • tuhr • dahkh
Sunday	**zondag**
	zohn • dahkh

DATES

yesterday	**gisteren**
	khihs • tuh • ruhn
today	**vandaag**
	fahn • daakh
tomorrow	**morgen**
	mohr • khuhn
day	**dag**
	dahkh
week	**week**
	vayk

month	**maand**
	maant
year	**jaar**
	yaar

MONTHS

January	**januari**
	yah • new • aa • ree
February	**februari**
	fay • brew • aa • ree
March	**maart**
	maart
April	**april**
	ah • prihl
May	**mei**
	mie
June	**juni**
	yew • nee
July	**juli**
	yew • lee
August	**augustus**
	ow • khuhs • tuhs

September	**september**
	sehp • <u>tehm</u> • buhr
October	**oktober**
	ohk • <u>toa</u> • buhr
November	**november**
	noa • <u>fehm</u> • buhr
December	**december**
	day • <u>sehm</u> • buhr

SEASONS

spring	**de lente**
	duh <u>lehn</u> • tuh
summer	**de zomer**
	duh <u>zoa</u> • muhr
fall [autumn]	**de herfst**
	duh hehrfst
winter	**de winter**
	duh <u>vihn</u> • tuhr

HOLIDAYS

| January 1 | **Nieuwjaarsdag** New Year's Day |
| April 30 | **Koninginnedag** Queen Mother's Birthday |

May 4	**Dodenherdenking** Remembrance Day, World War II
May 5	**Bevrijdingsdag** Liberation Day
December 25	**Eerste kerstdag** Christmas Day
December 26	**Tweede kerstdag** Boxing Day

Moveable Dates

Good Friday	**Goede Vrijdag**
Easter	**Pasen**
Ascension	**Hemelvaartsdag**
Pentecost	**Pinksteren**

ARRIVAL & DEPARTURE

NEED TO KNOW

I'm here on vacation [holiday]/business.	**Ik ben hier met vakantie/voor zaken.** *ihk behn heer meht faa•kahn•see/foar zaa•kuhn*
I'm going to…	**Ik ga naar…** *ihk khaa naar…*
I'm staying at the…Hotel.	**Ik logeer in Hotel…** *ihk loa•zhayr ihn hoa•tehl…*

YOU MAY HEAR…

Uw kaartje/paspoort, alstublieft. *ew kaart•yuh/pahs•poart ahls•tew•bleef*	Your ticket/passport, please.
Wat is het doel van uw verblijf? *vaht ihs heht dool fahn ew fehr•blief*	What's the purpose of your visit?
Waar logeert u? *vaar loa•zhayrt ew*	Where are you staying?

Hoe lang blijft u? *hoo lahng blieft ew*	How long are you staying?
Met wie bent u? *meht vee behnt ew*	Who are you with?

BORDER CONTROL

YOU MAY HEAR...

Heeft u iets aan te geven? *hayft ew eets <u>aan</u> tuh <u>khay</u> • fuhn*	Do you have anything to declare?
Hierover moet u accijns betalen. *heer • <u>oa</u> • fuhr moot ew ahk • <u>siens</u> buh • <u>taa</u> • luhn*	You must pay duty on this.
Kunt u deze tas even openmaken? *kuhnt ew <u>day</u> • zuh tahs <u>ay</u> • fuhn <u>oa</u> • puhn <u>maa</u> • kuhn*	Can you open this bag?

  Baggage hall

Arrivals hall

Passport control

I'm just passing through.	**Ik ben op doorreis.** *ihk behn ohp <u>doar</u> • ries*
I'd like to declare...	**Ik wil graag...aangeven.** *ihk vihl khraakh...<u>aan</u> • khay • fuhn*
I have nothing to declare.	**Ik heb niets aan te geven.** *ihk hehp neets <u>aan</u> tuh <u>khay</u> • fuhn*

YOU MAY SEE... 👁

DOUANE	customs
BELASTINGVRIJE GOEDEREN	duty-free goods
AANGIFTE GOEDEREN	goods to declare
NIETS AAN TE GEVEN	nothing to declare
PASPOORTCONTROLE	passport control
POLITIE	police

MONEY

Where's...?	**Waar is...?** *vaar ihs...*
the ATM	**de geldautomaat** *duh <u>khehlt</u> • ow • toa • maat*
the bank	**de bank** *duh bahngk*
the currency exchange office	**het geldwisselkantoor** *heht <u>khehlt</u> • vihs • suhl • kahn • <u>toar</u>*
What time does the bank open/close?	**Hoe laat gaat de bank open/dicht?** *hoo laat khaat duh bahngk <u>oa</u> • puhn/ dihkht*

I'd like to change some dollars/pounds into euros.	**Ik wil graag wat dollars/ponden in euro's omwisselen.** *ihk vihl khraakh vaht <u>dohl</u> • lahrs/ <u>pohn</u> • duhn ihn u • roas <u>ohm</u> • vihs • suh • luhn*
I want to cash some traveler's checks [cheques].	**Ik wil wat reischeques verzilveren.** *ihk vihl vaht ries • shehks fuhr • <u>zihl</u> • fuhr • uhn*

AT THE BANK

Can I exchange foreign currency/get a cash advance here?	**Kan ik hier buitenlands geld wisselen/geld opnemen?** *kahn ihk heer <u>baw</u> • tuhn • lahnds khelt <u>vih</u> • suh • luhn/khelt op • nay • men*
What's the exchange rate?	**Wat is de wisselkoers?** *vaht ihs duh <u>vih</u> • suhl • koors*
How much commission do you charge?	**Hoeveel commissie berekent u?** *<u>hoo</u> • fayl kohm • <u>mihs</u> • see buh • <u>ray</u> • kuhnt ew*
I think there's a a mistake.	**Ik denk dat er iets fout is gegaan.** *Ihk dehnk daht eets fowt is khuh • <u>khaan</u>*
I've lost my traveler's checks [cheques].	**Ik heb mijn reischeques verloren.** *ihk hehp mien rics • shehks fuhr • <u>loa</u> • ruhn*
My card was lost.	**Ik ben mijn kaart kwijt.** *ihk behn mien kaart kwiet*
My credit card has been stolen.	**Mijn creditcard is gestolen.** *mien <u>kreh</u> • diht • kahrt ihs khuh • <u>stoa</u> • luhn*
My card doesn't work.	**Mijn kaart doet het niet.** *mien kaart doot heht neet*

The ATM ate my card.	**De geldautomaat heeft mijn kaart ingeslikt.**
	Deh <u>khelt</u> • ow • toa • maat hayft mien kaart in • khe • <u>slikt</u>

For Numbers, see page 18.

Cash can be obtained from **geldautomaten** (ATMs), which are located throughout the Netherlands. Some debit cards (with the Cirrus, EC or Maestro logo) and most major credit cards are accepted. Be sure you know your PIN and whether it is compatible with European machines, which usually expect a four-digit, numeric code. ATMs offer good exchange rates, though there may be some hidden fees. **GWK (Grenswisselkantoren)**, a Dutch financial company, offers foreign exchange, international transfer and traveler's check services. Exchanging foreign currency in a bank is another option. Bank opening hours do vary, but most are open Tuesday to Friday from 9:00 a.m. to 4:00 p.m. and on Mondays from 1:00 p.m.

YOU MAY SEE...

VOER UW PAS IN	insert card
STOP	cancel
CORR	clear
OK	enter
PIN	PIN
GELD OPNEMEN	withdraw funds
VAN BETAALREKENING	from checking [current] account
VAN SPAARREKENING	from savings account
KWITANTIE	receipt

Dutch currency is the **euro**, divided into **cents**.
Bills: 5, 10, 20, 50, 100, 500 **euro**
Coins: 1, 2, 5, 10, 20, 50 **cents** and 1 and 2 **euro**

CONVERSATION

NEED TO KNOW

Hello. /Hi!	**Hallo. / Hoi!**
	hah • loa/ hoy
How are you?	**Hoe gaat het met u?**
	hoo khaat heht meht ew
Fine, thanks.	**Prima, dank u.**
	pree • maa dangk ew
Excuse me!	**Meneer/Mevrouw!**
(to a man/woman)	*muh • nayr/muh • frow*
Do you speak English?	**Spreekt u Engels?**
	spraykt ew ehng • uhls
What's your name?	**Hoe heet u?**
	hoo hayt ew
My name is...	**Mijn naam is...**
	mien naam ihs...
Nice to meet you.	**Aangenaam.**
	aan • khuh • naam
Where are you from?	**Waar komt u vandaan?**
	vaar kohmt ew fahn • daan
I'm from the U.S./U.K.	**Ik kom uit de Verenigde Staten/Groot-Brittannië.**
	ihk kohm awt duh fuhr • ay • nihkh • duh staa • tuhn/khroat • brih • tah • nee • yuh
What do you do?	**Wat doet u voor werk?**
	vaht doot ew foar vehrk
I work for...	**Ik werk bij...**
	ihk vehrk bie...
I'm a student.	**Ik ben student.**
	ihk behn stew • dehnt

I'm retired.	**Ik ben met pensioen.**
	ihk behn meht pehn•shoon
Do you like...?	**Houdt u van...?**
	howt ew fahn...
Goodbye.	**Dag.**
	dakh
See you later.	**Tot ziens.**
	toht zeens

LANGUAGE DIFFICULTIES

Do you speak English?	**Spreekt u Engels?**
	spraykt ew <u>ehng</u>•uhls
Does anyone here speak English?	**Is er hier iemand die Engels spreekt?**
	ihs ehr heer <u>ee</u>•mahnt dee <u>ehng</u>•uhls spraykt
I don't speak Dutch.	**Ik spreek geen Nederlands.**
	ihk sprayk khayn <u>nay</u>•duhr•lahnts
I don't speak much Dutch.	**Ik spreek maar weinig Nederlands.**
	ihk sprayk maar <u>vie</u>•nihkh <u>nay</u>•duhr•lahnts
Can you speak more slowly?	**Kunt u iets langzamer spreken?**
	kuhnt ew eets <u>lahng</u>•zaa•muhr <u>spray</u>•kuhn
Can you repeat that?	**Kunt u dat herhalen?**
	kuhnt ew daht hehr•<u>haa</u>•luhn
Excuse me?	**Pardon?**
	pahr•<u>dohn</u>
What was that?	**Wat zegt u?**
	vaht zehkht ew
Can you spell it?	**Kunt u dat spellen?**
	kuhnt ew daht <u>spehl</u>•ehn

Can you write it down?	**Kunt u het opschrijven?** *kuhnt ew heht ohp • skhrie • fuhn*
Can you translate this for me?	**Kunt u dit voor mij vertalen?** *kuhnt ew diht foar mie fuhr • taa • luhn*
What does this mean?	**Wat betekent dit?** *vaht buh • tay • kuhnt diht*
I (don't) understand.	**Ik begrijp het (niet).** *ihk buh • khrayp heht (neet)*
Do you understand?	**Begrijpt u het?** *buh • khraypt ew heht*

YOU MAY HEAR...

Ik spreek slechts weinig Engels.
ihk sprayk slehkhts vie • nihkh ehng • uhls
Ik spreek geen Engels.
ihk sprayk khayn ehng • uhls

I only speak a little English.
I don't speak English.

When addressing people you don't know, use **u** (formal you) or **meneer** (sir) and **mevrouw** (ma'am or madam), particularly with strangers and older people. It is impolite to address someone with the familiar **jij** and **je** (**jullie**, in the plural) until invited to do so.

MAKING FRIENDS

Hello./Hi!	**Dag./Hallo!** *dakh/hah • loa*
Good morning.	**Goedemorgen.** *khoo • duh • mohr • khuhn*

Good afternoon.	**Goedemiddag.**
	khoo • duh • mih • dahkh
Good evening.	**Goedenavond.**
	khoo • duh • naa • fohnt
My name is…	**Mijn naam is…**
	mien naam ihs…
What's your name?	**Hoe heet u?**
	hoo hayt ew
I'd like to introduce you to…	**Ik wil u graag voorstellen aan…**
	ihk vihl ew khraakh foar • steh • luhn aan…
Nice to meet you.	**Aangenaam.**
	aan • khuh • naam
How are you?	**Hoe gaat het met u?**
	hoo khaat heht meht ew
Fine, thanks.	**Prima, dank u.**
	pree • ma dangk ew
And you?	**En met u?**
	en meht ew

In the Netherlands, upon meeting, it is customary to shake hands and to use a greeting appropriate for the time of day. Close friends may kiss cheeks (left, right, left) and say **Hoe gaat het?** (How are you?) or **Alles goed?** (Is everything alright?). You'll find surnames are used more frequently than first names, even when answering the phone. When entering a store, greet the shop attendant by saying **goedemorgen, goedemiddag**, or **goedenavond** (good morning, good afternoon, good evening). When leaving you can say **dag** or **tot ziens** (goodbye or see you soon).

TRAVEL TALK

I'm here…	**Ik ben hier…**
	ihk behn heer…
on business	**voor zaken**
	foar zaa • kuhn
on vacation	**met vakantie**
[holiday]	*meht faa • kahn • see*
studying	**voor studie**
	foar stew • dee
I'm staying for…	**Ik blijf…**
	ihk blief…
I've been here…	**Ik ben hier al…**
	ihk behn heer ahl…
a day	**een dag**
	uhn dahkh
a week	**een week**
	uhn vayk
a month	**een maand**
	uhn maant
Where are you from?	**Waar komt u vandaan?**
	vaar kohmt ew fahn • daan
I'm from…	**Ik kom uit…**
	ihk kohm awt…

For Numbers, see page 18.

PERSONAL

Who are you with?	**Met wie bent u?**
	meht vee behnt ew
I'm on my own.	**Ik ben in mijn eentje.**
	ihk behn ihn mien ayn • tyuh
I'm with…	**Ik ben met…**
	ihk behn meht…

my husband/wife	**mijn man/vrouw**
	mien mahn/frow
my boyfriend/	**mijn vriend/vriendin**
girlfriend	*mien freent/freen • dihn*
a friend	**een vriend**
	uhn freent
a colleague	**een collega**
	uhn koh • lay • khaa
When's your	**Wanneer bent u jarig?**
birthday?	*vah • nayr behnt ew yaa • rikh*
How old are you?	**Hoe oud bent u?**
	hoo owt behnt ew
I'm…	**Ik ben…**
	ihk behn…
Are you married?	**Bent u getrouwd?**
	behnt ew khuh • trowt
I'm…	**Ik ben…**
	ihk behn…
single/in a	**ongetrouwd/in een relatie**
relationship	*ohn • khuh • trowt/ihn uhn ray • laa • tsee*
engaged	**verloofd**
	fehr • loaft
married	**getrouwd**
	khuh • trowt

divorced	**gescheiden**	
	khuh • skhie • duhn	
separated	**uit elkaar**	
	awt ehl • kaar	
I'm in a relationship.	**Ik heb een relatie.**	
	ihk hehp uhn ray • laat • see	
I'm widowed.	**Ik ben weduwnaar** m/**weduwe** f.	
	ihk behn vay • dew • naar/vay • dew • uh	
Do you have children/ grandchildren?	**Heeft u kinderen/kleinkinderen?**	
	hayft ew kihn • duh • ruhn/ klien • kihn • duh • ruhn	

WORK & SCHOOL

What do you do?	**Wat doet u in het dagelijks leven?**
	vaht doot ew ihn heht daa • khuh • luks lay • fuhn
What are you studying?	**Wat studeert u?**
	vaht stew • dayrt ew
I'm studying…	**Ik studeer…**
	ihk stew • dayr…
I…	**ik…**
	ihk
work full-/ part-time	**werk voltijds/deeltijds**
	wehrk fohl • tiets/dayl • tiets
am unemployed	**ben werkeloos**
	behn wehr • keh • loas
work at home	**ben thuiswerker**
	behn taws • wehr • kehr
Who do you work for?	**Voor wie werkt u?**
	foar vee vehrkt ew
I work for…	**Ik werk voor…**
	ihk vehrk foar…
Here's my business card.	**Hier is mijn visitekaartje.**
	heer ihs mien fee • zee • tuh • kaart • yuh

WEATHER

What's the weather forecast?	**Wat is het weerbericht?** *vaht ihs heht vayr • buh • rihkht*
What beautiful/ terrible weather!	**Wat een mooi/vreselijk weer!** *vaht uhn moay/fray • suh • luhk vayr*
It's cool/warm.	**Het is koel/warm.** *heht ihs kool/vahrm*
It's hot/cold.	**Het is heet/koud.** *heht ihs hayt/kowt*
It's rainy/sunny.	**Het is regenachtig/zonnig.** *heht ihs ray • khuhn • ahkh • tikh/ zoh • nihkh*
It's snowy/icy.	**Het sneeuwt/vriest.** *heht snaywt/freest*
Do I need a jacket/ an umbrella?	**Moet ik een jas/paraplu meenemen?** *moot ihk uhn jahs/paa • raa • plew may • nay • muhn*

For Seasons, see page 24.

EXPLORING

GETTING AROUND

NEED TO KNOW

How do I get to town?	**Hoe kom ik in de stad?**
	hoo kohm ihk ihn duh staht
Where's...?	**Waar is...?**
	vaar ihs...
the airport	**het vliegveld**
	heht <u>fleekh</u> • fehlt
the train [railway] station	**het station**
	heht staa • <u>shohn</u>
the bus station	**het busstation**
	heht buhs • staa • <u>shohn</u>
the subway [underground] station	**het metrostation**
	heht <u>may</u> • troa • staa • <u>shohn</u>
How far is it?	**Hoe ver is het?**
	hoo fehr ihs heht
Where can I buy tickets?	**Waar kan ik kaartjes kopen?**
	vaar kahn ihk <u>kaart</u> • yuhs <u>koa</u> • puhn

A one-way/ return-trip ticket. How much?	**Enkeltje/Retourtje.** _ehng • kuhl • tyuh/ruh • toor • tyuh_ **Hoeveel kost het?** _hoo • fayl kohst heht_
Are there any discounts?	**Kan ik korting krijgen?** _kahn ihk kohr • tihng krie • khuhn_
Which gate/line?	**Welke gate/lijn?** _vehl • kuh gayt/lien_
Which platform?	**Welk spoor?** _vehlk spoar_
Where can I get a taxi?	**Waar kan ik een taxi krijgen?** _vaar kahn ihk uhn tahk • see krie • khuhn_
Could you take me to this address?	**Kunt u me naar dit adres brengen?** _kuhnt ew muh naar diht ah • drehs brehng • uhn_
Where can I rent a car?	**Waar kan ik een auto huren?** _vaar kahn ihk uhn ow • toa hew • ruhn_
Can I have a map?	**Heeft u een kaart voor mij?** _hayft ew uhn kaart foar mie ah • dreh • seh_

TICKETS

When's...to Amsterdam?	**Wanneer vertrekt...naar Amsterdam?** _vah • nayr fuhr • trehkt ...naar ahm • stuhr • dahm_
the (first) bus	**de (eerste) bus** _duh (ayr • stuh) buhs_
the (next) flight	**de (volgende) vlucht** _duh (fohl • khuhn • duh) fluhkht_

the (last) train	**de (laatste) trein**
	duh (laat • stuh) trien
Where do I buy a ticket?	**Waar kan ik een kaartje kopen?**
	Vaar kahn ihk ehn kaar • tje koa • pen
One ticket/Two tickets, please.	**Eén kaartje/Twee kaartjes, alstublieft.**
	ayn kaart • yuh/tway kaart • yuhs ahl • stew • bleeft
For today/tomorrow.	**Voor vandaag/morgen.**
	foar fahn • daakh/mohr • khuhn
A one-way [single]/ round-trip [return] ticket.	**Enkeltje/Retourtje.**
	ehng • kuhl • tyuh/ruh • toor • tyuh
A first-class/ economy-class ticket.	**Kaartje eerste klas/tweede klas.**
	kaart • yuh ayr • stuh klahs/tway • duh klahs
How much?	**Hoeveel kost het?**
	hoo • fayl kohst heht
Is there a discount for...?	**Is er korting voor...?**
	is ehr kohr • tihng foar...
children	**kinderen**
	kihn • duh • ruhn
students	**studenten**
	stew • dehn • tuhn

senior citizens	**ouderen**
	ow • duh • ruhn
tourists	**toeristen**
	toe • ris • ten
The express bus/ express train, please.	**De snelbus/sneltrein, alstublieft.**
	Duh snehl • buhs/snehl • trien, ahls • tuh • bleeft
The local bus/train, please.	**De locale bus/trein, alstublieft.**
	Duh low • kah • leh buhs, ahls • tuh • bleeft.
I have an e-ticket.	**Ik heb een e-ticket.**
	ihk hehp uhn ee • tih • kuht
Can I buy a ticket on the bus/train?	**Kan ik in de bus/trein een kaartje kopen?**
	kahn ihk ihn duh buhs/trien uhn kaart • yuh koa • puhn
I'd like to… my reservation.	**Ik wil graag mijn reservering…**
	ihk vihl khraakh mien ray • zehr • vay • rihng…
cancel	**annuleren**
	ah • new • lay • ruhn
change	**wijzigen**
	vie • zih • khuhn
confirm	**bevestigen**
	buh • fehs • tih • khuhn

For Days, see page 22.

AIRPORT TRANSFER

How much is a taxi to the airport?	**Hoeveel kost een taxi naar het vliegveld?**
	hoo • fayl kohst uhn tahk • see naar heht fleekh • fehlt
To…Airport, please.	**Naar…Airport, alstublieft.**
	naar…air • pohrt ahls • tew • bleeft

My airline is…	**Ik vlieg met…**
	ihk fleekh meht…
My flight leaves at…	**Mijn vlucht vertrekt om…**
	mien fluhkht fuhr • trehkt ohm…
I'm in a rush.	**Ik heb haast.**
	ihk hehp haast

For Time, see page 21.

YOU MAY SEE…

AANKOMST	arrivals
VERTREK	departures
BAGAGEAFHAALRUIMTE	baggage claim
VEILIGHEID	security
BINNENLANDSE VLUCHTEN	domestic flights
INTERNATIONALE VLUCHTEN	international flights
INCHECKBALIE	check-in desk
E-TICKET INCHECKEN	e-ticket check-in
VERTREKGATES	departure gates

YOU MAY HEAR…

Met welke luchtvaartmaatschappij vliegt u?	What airline are you flying?
meht vehl • kuh luhkht • faart • maat • skhah • pie fleekht ew	
Binnenlands of internationaal?	Domestic or International?
bih • nuhn • lahnds ohf ihn • tuhr • naat • shoh • naal	
Welke terminal?	What terminal?
vehl • kuh tuhr • mee • nahl	

Can you take an alternate route?	**Kunt u een andere route nemen?**
	kuhnt ew uhn ahn • duh • ruh roo • tuh nay • muhn
Can you drive faster/ slower?	**Kunt u sneller/langzamer rijden?**
	kuhnt ew snehl • luhr/lahng • zaa • muhr rie • duhn

CHECKING IN

Where is check-in?	**Waar is de incheckbalie?**
	vaar ihs duh ihn • tshehk • baa • lee
My name is…	**Mijn naam is…**
	mien naam ihs…
I'm going to…	**Ik ga naar…**
	ihk khaa naar…
I have…	**Ik heb**
	Ihk hehp…
one suitcase	**een koffer**
	ayn koh • fur
two suitcases	**twee koffers**
	tway koh • furs
one piece of hand luggage	**een stuks handbagage**
	ayn stuhks hahnt • ba • kha • jeh
How much luggage is allowed?	**Hoeveel bagage is toegestaan?**
	hoo • fayl baa • khaa • zhuh ihs too • guh • staan
Is that pounds or kilos?	**Is dat in ponden of kilo's?**
	is daht in pohn • duhn of kee • loas
Which terminal/gate does flight…leave from?	**Van welke terminal/gate vertrekt vlucht…?**
	fahn vehl • kuh terminal/gayt fuhr • trehkt fluhkht…
I'd like a window/ an aisle seat.	**Ik wil graag een stoel bij het raam/aan het gangpad.**
	ihk vihl khraakh uhn stool bie heht raam/ aan heht khahng • paht

When do we leave/ arrive?	**Wanneer vertrekken/arriveren we?**
	vah • nayr fuhr • <u>trehk</u> • kuhn/ ahr • ree • <u>vay</u> • ruhn vuh
Is there any delay on flight...?	**Heeft vlucht...vertraging?**
	hayft fluhkht...fuhr • <u>traa</u> • khihng
How late will it be?	**Hoeveel vertraging heeft hij?**
	<u>hoo</u> • fayl fuhr • traa • <u>khihng</u> hayft hie

YOU MAY HEAR...

De volgende!
duh <u>fohl</u> • gun • duh
Next!

Uw ticket/paspoort, alstublieft.
ew <u>tih</u> • kuht/pahs • <u>poart</u> ahls • tew • <u>bleeft</u>
Your ticket/ passport, please.

Hoeveel stuks bagage heeft u?
<u>hoo</u> • fayl <u>stuhks</u> baa • <u>khaa</u> • zhuh hayft ew?
How many pieces of luggage do you have?

U heeft overbagage.
ew hayft <u>oa</u> • fuhr • baa • <u>khaa</u> • zhuh
You have excess luggage.

Dat is te zwaar/groot voor handbagage.
daht ihs tuh zwaar/khroat foar <u>hahnt</u>-baa-<u>khaa</u>-zhuh
That's too heavy/large for a carry-on [to carry on board].

Heeft u deze tassen zelf ingepakt?
hayft ew <u>day</u> • zuh tahs • suhn zehlf <u>ihn</u> • khuh • pahkt
Did you pack these bags yourself?

Heeft iemand iets aan u gegeven om mee te nemen?
hayft <u>ee</u> • mahnd eets aan ew khuh • <u>khay</u> • fuhn ohm <u>may</u> tuh <u>nay</u> • muhn
Did anyone give you anything to carry?

Vlucht...is aan het boarden.
fluhkht...ihs aan heht <u>boar</u> • duhn
Now boarding flight...

LUGGAGE

Where is/are...?	**Waar is/zijn...?**
	vaar ihs/zien...
the luggage carts [trolleys]	**de bagagewagentjes**
	duh baa • khaa • zhuh • vaa • khuhn • tyuhs
the luggage lockers	**de bagagekluisjes**
	duh baa • khaa • zhuh • klaws • yuhs
the baggage claim	**de bagageafhaalruimte**
	duh baa • khaa • zhuh • ahf • haal • rawm • tuh
I've lost my luggage.	**Ik ben mijn bagage kwijtgeraakt.**
	ihk behn mien baa • khaa • zhuh
	kviet • khuh • raakt
My luggage has been stolen.	**Mijn bagage is gestolen.**
	mien baa • khaa • zhuh ihs
	khuh • stoa • luhn
My suitcase was damaged.	**Mijn koffer is beschadigd.**
	mien kohf • fuhr ihs buh • skhaa • dihkht

FINDING YOUR WAY

Where is...?	**Waar is...?**
	vaar ihs...
the currency exchange office	**het geldwisselkantoor**
	heht khelt • vihs • suhl • kahn • toar
the car hire	**het autoverhuurbedrijf**
	heht ow • toa • fuhr • hewr • buh • drief
the exit	**de uitgang**
	duh awt • khahng
the taxi stand [rank]	**de taxistandplaats**
	duh tahk • see • stahnd • plaats
Is there...into town?	**Rijdt er...naar de stad?**
	riet ehr...naar duh staht

a bus	**een bus**
	uhn buhs
a train	**een trein**
	uhn trien
a subway	**een metro**
[underground]	*uhn may•troa*

For Asking Directions, see page 61.

TRAIN

How do I get to the train station?	**Hoe kom ik bij het station?**
	hoo kohm ihk bie heht staa•shohn
Is it far?	**Is het ver?**
	ihs heht fehr
Where is/are...?	**Waar is/zijn...?**
	vaar ihs/zien...
the ticket office	**het loket**
	heht loa•keht
the information desk	**de informatiebalie**
	duh in•fohr•mah•tsee•bah•lee
the luggage lockers	**de bagagekluisjes**
	duh baa•khaa•zhuh•klaws•yuhs
the platforms	**de sporen**
	duh spoa•ruhn
Can I have a schedule [timetable]?	**Mag ik een spoorwegboekje?**
	mahk ihk uhn spoar•vehkh•book•yuh
How long is the trip [journey]?	**Hoe lang duurt de reis?**
	hoo lahng dewrt duh ries
Do I have to change trains?	**Moet ik overstappen?**
	moot ihk oa•fuhr•stahp•puhn
Is the train on time?	**Is de trein op tijd?**
	is duh trien ohp tiet

For Tickets, see page 43.

YOU MAY SEE...

PERRONS	platforms
INFORMATIE	information
RESERVERINGEN	reservations
WACHTKAMER	waiting room
AANKOMST	arrivals
VERTREK	departures

De Nederlandse Spoorwegen (Netherlands Railways) offers three types of trains, which vary in how frequently they stop. Most stations are centrally located and you'll discover that the longest train trip within the Netherlands is only about three hours. There are two or more tracks to a platform, and electronic display signs will indicate which track a train will leave from.

For domestic as well as international travel, a number of discounts are offered (group, children's, off-peak). Keep in mind that purchasing round-trip tickets, day travel cards or other specialty passes (Holland Rail, Summer Trip, Euro) is usually more economical than purchasing single tickets. Tickets may be purchased from machines or ticket offices in larger stations. There is a slight surcharge for tickets purchased at the counter. Note that you cannot buy tickets once on board, and you may be fined if you do not show a valid ticket.

DEPARTURES

Which platform does the train to… leave from?	**Van welk spoor vertrekt de trein naar…?** *fahn vehlk spoar fuhr • <u>trehkt</u> duh trien naar…*
Is this the right platform for…?	**Is dit het juiste spoor voor…?** *ihs diht heht <u>yaw</u> • stuh spoar foar…*
Where is platform…?	**Waar is spoor…?** *vaar ihs spoar…*
Where do I change for…?	**Waar stap ik over voor…?** *vaar stahp ihk <u>oa</u> • fuhr foar*

YOU MAY HEAR…

Kaartjes, alstublieft.
kaart • yuhs als • tew • bleeft

Tickets, please.

U moet overstappen in…
ew moot oa • fuhr • stahp • puhn ihn…

You have to change at…

Volgende halte is…
fohl • guhn • duh hahl • tuh ihs…

Next stop…

ON BOARD

Can I open the window?	**Mag ik het raam openen?**
	mahkh ihk heht raam oa•peh•nehn
Is this seat taken?	**Is deze plaats bezet?**
	ihs day•zuh plaats buh•zeht
That's my seat.	**Dat is mijn plaats.**
	daht ihs mien plaats
Here's my reservation.	**Hier is mijn reservering.**
	heer is mayn ray•sehr•vay•rihng reh•zehr•vah•tsih•yah

BUS

Where's the bus station?	**Waar is het busstation?**
	vaar ihs heht buhs•staa•shohn
How far is it?	**Hoe ver is het?**
	hoo fehr ihs heht
How do I get to…?	**Hoe kom ik in…?**
	hoo kohm ihk ihn…
Is this the bus to…?	**Is dit de bus naar…?**
	is diht duh buhs naar…?
Does the bus stop at…?	**Stopt de bus bij…?**
	stohpt duh buhs bie…
Can you tell me when to get off?	**Kunt u me waarschuwen wanneer ik moet uitstappen?**
	kuhnt ew muh vaar•skhew•vuhn vah•nayr ihk moot awt•stahp•puhn
Do I have to change buses?	**Moet ik overstappen?**
	moot ihk oa•fuhr•stahp•puhn
Can you stop here, please?	**Kunt u hier stoppen, alstublieft?**
	kuhnt ew heer stohp•puhn ahls•tew•bleeft

For Tickets, see page 43.

YOU MAY SEE...

BUSHALTE	bus stop
INGANG/UITGANG	enter/exit
KAARTJE STEMPELEN	stamp your ticket

For traveling short distances or for travel to destinations with no train service, taking the bus is a smart option. Service generally runs from around 6:00 a.m. until midnight. Similarily, the **metro** [subway] operates from around 6.00 a.m. to midnight in and around Amsterdam and Rotterdam.

The best ticket to get is the **OV Chipkaart** which can be used on a pay-as-you-go basis on public transport. You simply purchase the card and top up the balance as required. You can also buy day tickets, single or return tickets for metro, tram and bus travel but note that these cannot also be used for train travel. For train travel, you can use your **OV Chipkaart** or you can purchase single tickets at the station. On all public transport, don't forget to check in and check out of the stations. Ticket machines have an English language function.

METRO

Where's the nearest metro [underground] station?	**Waar is het dichtstbijzijnde metrostation?**
	vaar ihs heht <u>dihkhtst</u> • bie • zien • duh may • troa • staa • <u>shohn</u>

Can I have a map of the metro [underground]?	**Mag ik een kaart van de metro?** *mahkh ihk uhn kaart fahn duh <u>may</u>•troa*
Which line for...?	**Welke lijn gaat naar...?** *<u>vehl</u>•kuh lien khaat naar...*
Which direction?	**Welke richting?** *vehl•keh rikh•tihng*
Where do I change for...?	**Waar stap ik over voor...?** *vaar stahp ihk oa•fuhr foar...*
Is this the right train for...?	**Is dit de juiste trein naar...?** *ihs diht duh <u>yaw</u>•sluh trien naar...*
Where are we?	**Waar zijn we?** *vaar zien vuh*

For Finding your Way, see page 49.

> ℹ️ For information on **excursies** (excursions) to classic tourist sights and for reservations, contact the local tourist information office or **VVV (Vereniging voor Vreemdelingenverkeer).**

BOAT & FERRY

When is the ferry to...?	**Wanneer vertrekt de veerboot naar...?** *<u>vah</u>•nayr fuhr•<u>trehkt</u> duh <u>fayr</u>•boat naar...*
Can I take my car?	**Kan ik mijn auto meenemen?** *kahn ihk mien <u>ow</u>•toa <u>may</u>•nay•muhn*
What time is the next sailing?	**Wanneer vaart de volgende boot?** *wah•<u>nayr</u> faart duh <u>vohl</u>•khehn•deh boat*
Can I book a seat/ cabin?	**Kan ik een stoel/hut boeken?** *kahn ihk uhn stool/huht <u>book</u>•ehn*
How long is the crossing?	**Hoelang duurt de overtocht?** *<u>hoo</u>•lahng dewrt duh <u>oa</u>•vehr•tohkht*

For Weather, see page 39.

YOU MAY SEE...

REDDINGSBOTEN	life boats
REDDINGSVESTEN	life jackets

There are a number of ferry companies with service to and from the Netherlands. Stena Line offers up to four sailings daily between **Hoek van Holland** (Hook of Holland) and Harwich, U.K. P&O Ferries sails between Rotterdam and Hull, U.K., while DFDS Seaways provides service from the Port of Ijmuiden in Amsterdam to Newcastle, U.K., up to seven times a week.

Inland ferries can also be taken to travel to **Waddeneilanden** (Frisian Islands), across **IJsselmeer** (IJssel Lake) and on many small rivers.

Another option for water travel in Amsterdam is the canal bus; it offers regular service and stops that are located near the major museums, attractions and shopping areas. A **dagkaart** (day ticket) allows you to hop on and off as many times as you like until noon the next day. With this ticket you may also transfer to the metro or bus free of charge.

TAXI

Where can I get a taxi?	**Waar kan ik een taxi krijgen?** *vaar kahn ihk uhn <u>tahk</u> • see <u>krie</u> • khuhn*
Can you send a taxi?	**Kunt u een taxi sturen?** *kuhnt ew uhn tahk • see stew • rehn*
Do you have the number for a taxi?	**Heeft u het nummer voor een taxi?** *hayft ew uhn nuh • mehr foor uhn tahk • see*

I'd like a taxi for tomorrow at…	**Ik wil graag een taxi voor morgen om…uur.**
	ihk vihl khraakh uhn tahk • see foar mohr • khuhn ohm…ewr
Pick me up at…	**Haal me op om…**
	haal muh ohp ohm…
Can you take me to…?	**Kunt u me naar…brengen?**
	kuhnt ew muh naar…brehng • uhn
this address	**dit adres**
	diht ah • drehs
the airport	**het vliegveld**
	heht fleekh • fehlt
the train station	**het station**
	heht staa • shohn
I'm in a hurry.	**Ik heb haast.**
	ihk hehp haast
Can you drive faster/ slower?	**Kunt u sneller/langzamer rijden?**
	kuhnt ew snehl • luhr/lahng • zaa • muhr rie • duhn
Stop/Wait here.	**Stop/Wacht hier.**
	stohp/vahkht heer
How much?	**Hoeveel kost het?**
	hoo • fayl kohst heht
You said…euros.	**U zei…euro.**
	ew zie…u • roa
Keep the change.	**Houdt u het wisselgeld maar.**
	howt ew heht vihs • suhl • khehlt maar

ⓘ

Dutch taxis are marked by blue license plates and the word **TAXI** on the roof. Taxis should usually be booked in advance, rather than hailed in the street, though you might be able to hail one in larger cities. You can also go to a **taxistandplaats** (taxi stand). Tip by rounding up the fare. There are also **water taxis** on the canals in Amsterdam.

YOU MAY HEAR...

Waar naartoe?
vaar naar too

Where to?

Welk adres?
vehlk ah • drehs

What's the address?

Er is een nacht/vluchthaventoeslag.
ehr is uhn nahkht/ fluhkht • haw • fehn • too • slahkh

There's a nighttime/ airport surcharge.

BICYCLE & MOTORBIKE

Cycling is very much a part of daily life in the Netherlands. Paths are marked with red and white signs or blue signs with a white bicycle for obligatory separate bike lanes.

Bikes may be rented at more than 100 train stations in the Netherlands. The daily rate is quite cheap, though you may have to leave a relatively high deposit. This will be returned when you bring the bike back in good condition.

You can take your bike on the train. There are a few things to remember though. You must purchase a ticket for your bike. It must travel in the special bike compartment. And you are not allowed to travel with bikes during rush hour.

I'd like to hire...

Ik wil graag een...huren.
ihk vihl khraakh uhn...hew • ruhn

a bicycle

fiets
feets

a moped

brommer
brohm • muhr

a motorcycle	**motorfiets**
	moa • tuhr • feets
How much per day/ week?	**Hoeveel kost het per dag/week?**
	hoo • fayl kohst heht pehr dahkh/vayk
Can I have a helmet/lock?	**Mag ik een helm/slot?**
	Mahkh ihk uhn hehlm/sloht

CAR HIRE

Where can I rent a car?	**Waar kan ik een auto huren?**
	vaar kahn ihk uhn ow • toa hew • ruhn
I'd like to hire…	**Ik wil graag…huren.**
	ihk vihl khraakh…hew • ruhn
a cheap/small car	**een goedkope/kleine auto**
	uhn khoot • koa • peh ow • toa
an automatic/ a manual	**een automaat/een handgeschakelde**
	uhn ow • toa • maat/uhn hahnt • kheh • skhah • kuhl • duh.
a car with air conditioning	**een auto met airco**
	uhn ow • toa meht air • coa
a car seat	**een kinderzitje**
	uhn kihn • duhr • ziht • yuh
How much…?	**Hoeveel kost het…?**
	hoo • fayl kohst heht…
per day/week	**per dag/week**
	pehr dahkh/vayk
per kilometer	**per kilometer**
	pehr kee • loa • may • tuhr
for unlimited mileage	**met onbeperkt aantal kilometers**
	meht ohn • buh • pehrkt aan • tahl kee • loa • may • tuhrs
with insurance	**met verzekering**
	meht fuhr • zay • kuh • rihng
Are there any discounts for…?	**Zijn er ook kortingen voor…?**
	zien ehr oak kohr • tihng • uhn foar…

YOU MAY HEAR...

Heeft u een internationaal rijbewijs?
hayft ew uhn ihn • tuhr • naat • shoo • naal rie • buh • wies

Do you have an international driver's license?

Mag ik uw paspoort zien, alstublieft?
mahkh ihk ew pahs • poart zeen ahls • tew • bleeft

Your passport, please.

Wilt u extra verzekering?
vihlt ew ehk • straa fuhr • zay • kuh • rihng

Do you want insurance?

U moet een borgsom betalen van...
ew moot uhn bohrkh • sohm buh • taa • luhn fahn...

There is a deposit of...

Kunt u hier even tekenen?
kuhnt ew heer ay • fuhn tay • kuh • nuhn

Can you sign here?

FUEL STATION

Where's the next fuel station?
Waar is het volgende benzinestation?
vaar ihs heht fohl • khuhn • duh behn • zee • nuh • staa • shohn

Fill it up, please.
Vol, alstublieft.
fohl ahls • tew • bleeft

...liters, please.
...liter, alstublieft.
...lee • tuhr ahls • tew • bleeft

I'd like to pay in cash/by credit card.
Ik wil graag contant/met een creditcard betalen.
ihk vihl khraakh kohn • tahnt/meht uhn kreh • diht • kaart buh • taa • luhn

For Numbers, see page 18.

YOU MAY SEE...

BENZINE	gas [petrol]
LOODVRIJ	unleaded
NORMAAL	regular
SUPER	premium [super]
DIESEL	diesel

ASKING DIRECTIONS

Is this the right road to...?	**Is dit de juiste weg naar...?** *ihs diht duh <u>yaw</u> • stuh vehkh naar...*
How far is it to... from here?	**Hoe ver is het hiervandaan naar...?** *hoo fehr ihs heht heer • fahn • <u>daan</u> naar...*
Where's...?	**Waar vind ik...?** *vaar fihnt ihk...*
...Street	**de...straat** *duh...straat*
this address	**dit adres** *diht ah • <u>drehs</u>*
the highway [motorway]	**de snelweg** *duh <u>snehl</u> • vehkh*
Can you show me on the map?	**Kunt u dat op de kaart laten zien?** *kuhnt ew daht ohp duh kaart <u>laa</u> • tuhn zcen*
I'm lost.	**Ik ben verdwaald.** *ihk behn fuhr • <u>dwaalt</u>*

PARKING

Can I park here?	**Mag ik hier parkeren?**
	mahkh ihk heer pahr•kay•ruhn
Is there a parking lot [car park] nearby?	**Is er een parkeergarage in de buurt?**
	ihs ehr uhn pahr•kayr•khaa•raa•zhuh ihn duh bewrt
Where's…?	**Waar is…?**
	wahr is…
the parking garage	**de parkeergarage**
	duh pahr•kayr•khah•raa•jeh
the parking meter	**de parkeermeter**
	duh pahr•kayr•may•tehr
How much…?	**Hoeveel kost het…?**
	hoo•fayl kohst heht…
per hour	**per uur**
	pehr ewr
per day	**per dag**
	pehr dahkh
overnight	**per nacht**
	pehr nahkht

YOU MAY HEAR...

rechtdoor	straight ahead
rehkht • doar	
links	left
lihnks	
rechts	right
rehkhts	
op/om de hoek	on/around the
ohp/ohm duh hook	corner
tegenover	opposite
tay • khuhn • oa • fuhr	
achter	behind
ahkh • tuhr	
naast	next to
naast	
na	after
naa	
ten noorden/ten zuiden	north/south
tehn noar • duhn/tehn zaw • duhn	
ten oosten/ten westen	east/west
tehn oas • tuhn/tehn vehs • tuhn	
bij het stoplicht	at the traffic light
bie heht stohp • lihkht	
bij de kruising	at the
bie deh kraw • sihng	intersection

YOU MAY SEE...

STOP	stop
VOORRANG VERLENEN	yield
VERBODEN STIL TE STAAN	no standing

YOU MAY SEE...

	STOP	stop
	VOORRANG VERLENEN	yeld
	VERBODEN STIL TE STAAN	no standing
	VERBODEN TE PARKEREN	no parking
	EENRICHTINGSVERKEER	one way
	VERBODEN IN TE RIJDEN	no entry
	VERBODEN IN TE HALEN	no passing
	VERBODEN TE KERENN	no U-turn
	AFSLAG	exit
	VOETGANGERSOVERSTEEKPLAATS	pedestrian crossing

BREAKDOWN & REPAIR

My car broke down.	**Ik heb autopech.**
	ihk hehp <u>ow</u> • toa • pehkh
My car won't start.	**Mijn auto wil niet starten.**
	mien <u>ow</u> • toa vihl neet <u>stahr</u> • tuhn
Can you fix it?	**Kunt u hem repareren?**
	kuhnt ew hehm <u>ray</u> • paa • <u>ray</u> • ruhn

When will it be ready?	**Wanneer is hij klaar?**
	vahn • nayr ihs hie klaar
How much?	**Hoeveel kost het?**
	hoo • fayl kohst heht
I have a puncture/ flat tyre (tire).	**Ik heb een lek/lekke band.**
	ik hehp ayn leh • keh bahnt

For Time, see page 21.

ACCIDENTS

There's been an accident.	**Er is een ongeluk gebeurd.**
	ehr ihs uhn ohn • khuh • luhk khuh • burt
Call an ambulance/ the police.	**Bel een ambulance/de politie.**
	bel uhn ahm • bew • lahn • suh/duh poa • leet • see

For Police, see page 134.

PLACES TO STAY

NEED TO KNOW

Can you recommend a hotel?	**Kunt u een hotel aanbevelen?**
	kuhnt ew uhn hoa • tehl aan • buh • fay • luhn
I have a reservation.	**Ik heb een reservering.**
	ihk hehp uhn ray • zuhr • vay • rihng
My name is…	**Mijn naam is…**
	mien naam ihs…
Do you have a room…?	**Heeft u een kamer…?**
	hayft ew uhn kaa • muhr…
for one	**voor één persoon**
	foar ayn puhr • soan
for two	**voor twee personen**
	foar tvay puhr • soa • nuhn
with a bathroom [toilet]/shower	**met toilet/douche**
	meht twaa • leht/doosh
with air conditioning	**met airco**
	meht air • coa
For tonight.	**Voor vannacht.**
	foar fahn • nahkht
For two nights.	**Voor twee nachten.**
	foar tvay nahkh • tuhn
For one week.	**Voor één week.**
	foar ayn vayk
How much?	**Hoeveel kost het?**
	hoo • fayl kohst heht
Do you have anything cheaper?	**Heeft u iets goedkopers?**
	hayft ew eets khoot • koa • puhrs
When's check-out?	**Hoe laat moeten we uitchecken?**
	hoo laat moo • tuhn vie awt • check • uhn

Can I leave this in the safe?	**Mag ik dit in de kluis bewaren?**
	mahkh ihk diht ihn duh klaws buh • waa • ruhn
Can we leave our bags?	**Mogen we onze bagage hier laten staan?**
	moa • khuhn wie ohn • zuh baa • khaa • zhuh heer laa • tuhn staan
Can I have the bill/ a receipt?	**Mag ik de rekening/bon?**
	mahkh ihk duh ray • kuh • nihng/bonn
I'll pay in cash/by credit card.	**Ik wil graag contant/met creditcard betalen.**
	ihk vihl khraakh kohn • tahnt/meht kreh • diht • kaart buh • taa • luhn

SOMEWHERE TO STAY

Can you recommend a hotel?	**Kunt u een hotel aanbevelen?**
	kuhnt ew uhn hoa • tehl aan • buh • fay • luhn
Can you recommend…?	**Kunt u een … aanbevelen?**
	kuhnt ew uhn … aan • beh • fay • lehn

a hostel	**een jeugdherbe**
	uhn yukht • hehr • behrkht
a campsite	**een camping**
	uhn kehm • ping
a bed and	**logies met ontbijt**
breakfast	*loa • khees meht ont • biet*
What is it near?	**Waar ligt het bij in de buurt?**
	vaar lihkht heht bie ihn duh bewrt
How do I get there?	**Hoe kom ik er?**
	hoo kohm ihk ehr

AT THE HOTEL

I have a reservation.	**Ik heb een reservering.**
	ihk hehp uhn ray • zuhr • vay • rihng
My name is…	**Mijn naam is…**
	mien naam ihs…
Do you have	**Heeft u een kamer…?**
a room…?	*hayft ew uhn kaa • muhr…*
with a bathroom	**met toilet/douche**
[toilet]/shower	*meht twaa • leht/doosh*
with air	**met airco**
conditioning	*meht air • coa*
that's smoking/	**voor rokers/niet-rokers**
non-smoking	*foar roa • kuhrs/neet • roa • kuhrs*
For…	**Voor…**
	foar
tonight	**vannacht**
	fahn • nahkht
two nights	**twee nachten**
	tvay nahkh • tehn
a week	**een week**
	uhn vayk

In the Netherlands, there are a variety of accommodation options in addition to hotels, which range from one to five stars. You could choose to stay in a bed and breakfast, a **motel** (motel) if you are traveling by car, a **jeugdherberg** (youth hostel) or in a **vakantiehuisje** (vacation house). **Vakantiehuisje** refers to any rented living space, such as vacation cottages, apartments or houseboats. You might also want to try one of the **Centre Parcs**, which are vacation villages.

Prices are generally given per room and include breakfast, service charges and taxes (but do not include the extra city tax in Amsterdam). Reservations can be made through the Netherlands Reservation Center, which is free, **VVV** tourist offices, which charge a fee, and **GWK (Grenswisselkantoren)** offices.

YOU MAY HEAR...

Uw paspoort/creditcard, alstublieft.
ew pahs • poart/creditkaart ahls • tew • bleeft
Your passport/ credit card, please.

Vul dit formulier in.
fuhl diht fohr • mew • leer ihn
Fill out this form.

Kunt u hier even tekenen?
kuhnt ew heer ay • fuhn tay • kuh • nuhn ay • fuhn tay • kuh • nuhn
Can you sign here?

Does the hotel have...?	**Heeft het hotel...?**
	hayft heht hoa • tehl...
a computer	**een computer**
	uhn kohm • pyoo • tuhr
an elevator [lift]	**een lift**
	uhn lihft
(wireless) internet service	**(draadloze) internetverbinding**
	(draat • loa • zuh)
	ihn • tuhr • neht • fuhr • bihn • dihng
room service	**roomservice**
	room • suhr • vihs
a gym	**een fitnessruimte**
	uhn fiht • nehs • rawm • tuh
a pool	**een zwembad**
	uhn swehm • baht
I need...	**Ik wil...**
	ihk vihl...
an extra bed	**een extra bed**
	uhn ehk • straa beht
a cot	**een kinderbed**
	uhn kihn • duhr • beht
a crib [child's cot]	**een wieg**
	uhn veekh

PRICE

How much per night/week?	**Hoeveel kost het per nacht/week?**
	hoo • fayl kohst heht pehr nahkht/vayk
Does the price include breakfast/ sales tax [VAT]?	**Is het ontbijt/de BTW bij de prijs inbegrepen?**
	Ihs heht ohnt • biet/bay • tay • vay bie duh
	pries ihn • buh • khray • puhn
Are there any discounts?	**Is er een korting?**
	is ehr uhn kohr • ting

PREFERENCES

Can I see the room?	**Mag ik de kamer zien?**
	mahkh ihk duh kaa•mehr seen
I'd like a… room.	**Ik wil graag een… kamer.**
	lhk vihl khraakh uhn… kaa•muhr
better	**beter**
	bay•ter
bigger	**groter**
	khroa•tehr
cheaper	**goedkoper**
	khoot•koa•pehr
quieter	**stiller**
	stih•lehr
I'll take it.	**Ik neem hem.**
	ihk naym hehm
No, I won't take it.	**Nee, ik neem hem niet.**
	nay, ihk naym hehm neet

QUESTIONS

Where's…?	**Waar is…?**
	vaar ihs…
the bar	**de bar**
	duh bahr
the bathroom [toilet]	**het toilet**
	heht tvaa•leht
the elevator [lift]	**de lift**
	duh lihft
Can I have…?	**Mag ik…?**
	mahkh ihk…
a blanket	**een deken**
	uhn day•kuhn

an iron	**een strijkijzer**
	uhn <u>striek</u> • ie • zuhr
a pillow	**een kussen**
	uhn <u>kuh</u> • suhn
the room key/	**de kamersleutel/sleutelkaart**
key card	*duh <u>kah</u> • merh • slu • tehl/*
	<u>slu</u> • tehl • kaart
soap	**zeep**
	zayp
toilet paper	**toiletpapier**
	tvaa • <u>leht</u> • paa • peer
a towel	**een handdoek**
	uhn <u>hahn</u> • dook
Do you have an	**Heeft u hier een adapter voor?**
adapter for this?	*hayft ew heer uhn ah • <u>dahp</u> • tuhr foar*
How do I turn on	**Hoe doe ik het licht aan?**
the lights?	*hoo doo ihk heht lihkht aan*
Can you wake	**Kunt u me om...wakker maken?**
me at...?	*kuhnt ew muh ohm...<u>vahk</u> • kuhr*
	<u>maa</u> • kuhn
Can I have my	**Mag ik mijn spullen uit de kluis**
things from	**hebben?**
the safe?	*mahkh ihk mien <u>spuh</u> • luhn awt duh klaws*
	<u>heh</u> • buhn
Are there any	**Zijn er berichten voor me?**
messages for me?	*zien ehr buh • <u>rihkh</u> • tuhn foar muh*
Do you have a	**Heeft u een wasserijservice?**
laundry service?	*hayft ew uhn <u>wahs</u> • seh • rie • ser • vice*

YOU MAY SEE...

DUWEN/TREKKEN	push/pull
TOILET	bathroom [toilet]
DOUCHE	shower
LIFT	elevator [lift]
TRAP	stairs
VERKOOPAUTOMATEN	vending machines
IJS	ice
WASSERIJ	laundry
NIET STOREN	do not disturb
BRANDDEUR	fire door
NOODUITGANG/BRANDTRAP	emergency/fire exit
WEKDIENST	wake-up call

PROBLEMS

There's a problem.	**Ik heb een probleem.**
	ihk hehp uhn <u>proa</u> • blaym
I've lost my key/ key card.	**Ik heb mijn sleutel/sleutelkaart verloren.**
	ihk hehp mien <u>slu</u> • tuhl/<u>slu</u> • tuhl • kaart fuhr • <u>loa</u> • ruhn
I've locked myself out of my room.	**Ik heb mezelf buitengesloten.**
	ihk hehp muh • <u>zchlf</u> <u>baw</u> • tuhn • khuh • <u>sloa</u> • tuhn
There's no hot water/ toilet paper.	**Er is geen warm water/toiletpapier.**
	ehr ihs khayn vahrm <u>vaa</u> • tuhr/ tvaa • le<u>ht</u> • paa • peer
The room is dirty.	**De kamer is vies.**
	duh <u>kaa</u> • muhr ihs vees

There are bugs in our room.	**Er zijn insecten op onze kamer.** *ehr zien ihn • <u>sehk</u> • tuhn ohp <u>ohn</u> • zuh <u>kaa</u> • muhr*
...doesn't work.	**...doet het niet.** *...doot heht neet*
Can you fix...?	**Kunt u...repareren?** *kuhnt ew...<u>ray</u> • paa • <u>ray</u> • ruhn*
the air conditioning	**de airco** *duh <u>air</u> • coa*
the fan	**de ventilator** *duh fehn • <u>tee</u> • <u>laa</u> • tohr*
the heat [heating]	**de verwarming** *duh fehr • <u>vahr</u> • mihng*
the light	**het licht** *heht lihkht*
the TV	**de tv** *duh tay • <u>vay</u>*
the toilet	**het toilet** *heht tvaa • <u>leht</u>*
I'd like to move to another room.	**Ik wil graag een andere kamer.** *ihk vihl khraakh uhn <u>ahn</u> • duh • ruh <u>kaa</u> • muhr*

Electricity in the Netherlands is 220 volts and sockets are for two-pin plugs. British and American appliances will need an adapter.

CHECKING OUT

When's check-out?	**Hoe laat moeten we uitchecken?** *hoo laat <u>moo</u> • tuhn vie <u>awt</u> • tshehk • kuhn*

Can I leave my bags here until...?	**Mag ik mijn bagage hier laten staan tot...?**
	mahkh ihk mien baa • <u>khaa</u> • zhuh heer <u>laa</u> • tuhn staan toht...
Can I have an itemized bill/a receipt?	**Mag ik een gespecificeerde rekening/kwitantie?**
	mahkh ihk uhn khuh • <u>spay</u> • see • fee • <u>sayr</u> • duh ray • kuh • nihng/kvee • <u>tahnt</u> • see
I think there's a mistake in this bill.	**Ik geloof dat deze rekening niet klopt.**
	ihk khuh • <u>loaf</u> daht <u>day</u> • zuh ray • kuh • nihng neet klohpt
I'll pay in cash/by credit card.	**Ik wil graag contant/met een creditcard betalen.**
	ihk vihl khraakh kohn • <u>tahnt</u>/meht uhn <u>kreh</u> • diht • kaart buh • <u>taa</u> • luhn

RENTING

I've reserved an apartment/a room.	**Ik heb een appartement/kamer gereserveerd.**
	ihk hehp uhn ah • pahr • tuh • <u>mehnt</u>/ <u>kaa</u> • muhr khuh • <u>ray</u> • zuhr • <u>fayrt</u>
My name is...	**Mijn naam is...**
	mien naam ihs...
Can I have the key/key card?	**Mag ik de sleutel/sleutelkaart?**
	mahkh ihk duh <u>slu</u> • tuhl/<u>slu</u> • tuhl • kaart
Do you have...?	**Heeft u...?**
	hayft ew...
dishes	**serviesgoed**
	sehr • <u>vees</u> • khoot
pillows	**kussens**
	<u>kuh</u> • suhns
sheets	**lakens**
	<u>laa</u> • kuhns

towels	**handdoeken**
	hahn • doo • kuhn
kitchen utensils	**keukengerei**
	ku • kehn • kheh • rie
When/Where do I put out the bins/recycling?	**Wanneer/Waar moet ik recyclen/de vuilnis buiten zetten?**
	vah • nayr/vaar moot ihk ree • sai • klehn/duh _vawl_ • nihs baw • tuhn _zeht_ • tuhn
…is broken.	**…is kapot.**
	…ihs kaa • _poht_
How does…work?	**Hoe werkt…?**
	hoo vehrkt…
the air conditioner	**de airco**
	duh _air_ • coa
the dishwasher	**de afwasmachine**
	duh _ahf_ • vahs • maa • _shee_ • nuh
the freezer	**de diepvriezer**
	duh _deep_ • free • zuhr
the heater	**de verwarming**
	duh fuhr • _vahr_ • mihng
the microwave	**de magnetron**
	duh _mahkh_ • nuh • trohn

the refrigerator	**de koelkast**
	duh <u>kool</u> • kahst
the stove	**het fornuis**
	heht fohr • <u>naws</u>
the washing machine	**de wasmachine**
	duh vahs • maa • <u>shee</u> • nuh

DOMESTIC ITEMS

I need…	**Ik heb…nodig.**
	ihk hehp…<u>noa</u> • dihkh
an adapter	**een adapter**
	uhn aa • <u>dahp</u> • tuhr
aluminum foil	**aluminiumfolie**
	<u>aa</u> • loo • <u>mee</u> • nee • yuhm • <u>foa</u> • lee
a bottle opener	**een flesopener**
	uhn <u>flehs</u> • oa • puh • nuhr
a broom	**seen bezem**
	uhn <u>bay</u> • zuhm
a can opener	**een blikopener**
	uhn <u>blihk</u> • oa • puh • nuhr
cleaning supplies	**schoonmaakmiddelen**
	skhoan • maak • mih • duh • luhn
a corkscrew	**een kurkentrekker**
	uhn <u>kuhr</u> • kuhn • trehk • kuhr
detergent	**waspoeder**
	<u>vahs</u> • poo • duhr
dishwashing liquid	**afwasmiddel**
	<u>ahf</u> • vahs • mih • duhl
bin bags	**vuilniszakken**
	<u>fawl</u> • nihs • zah • kuhn
a light bulb	**een gloeilamp**
	uhn <u>khlooy</u> • lahmp
matches	**lucifers**
	<u>lew</u> • sih • fehrs

a mop	**een dweil**
	uhn dwiel
napkins	**servetten**
	sehr • feh • tuhn
paper towels	**keukenpapier**
	ku • kuhn • paa • peer
plastic wrap	**huishoudfolie**
[cling film]	*haws • hout • foa • lee*
a plunger	**een ontstopper**
	uhn ohnt • stoh • puhr
scissors	**een schaar**
	uhn skhaar
a vacuum cleaner	**een stofzuiger**
	uhn stohf • zaw • khurh

For In the Kitchen, see page 178.

AT THE HOSTEL

Do you have any places left for tonight?	**Heeft u nog plaatsen vrij voor vannacht?**
	hayft ew nohkh plaat • suhn frie foar fahn • nahkht
I'd like a single/ double room.	**Ik wil een eenpersoonskamer/ tweepersoonskamer.**
	ihk wihl uhn ayn • pehr • soans • kahmehr/ tvay • pehr • soans • kahmehr
Can I have...?	**Mag ik...?**
	mahkh ihk...
a blanket	**een deken**
	uhn day • kuhn
a pillow	**een kussen**
	uhn kuh • suhn
sheets	**beddegoed**
	beh • de • khood

soap	**zeep**
	zayp
towels	**handdoeken**
	hahn • doo • kuhn
Do you have lockers?	**Heeft u kluisjes?**
	hayft ew klaws • yehs
What time do you lock up?	**Hoe laat sluit u?**
	hoo laat slawt ew
Do I need a membership card?	**Moet ik lid zijn?**
	moot ihk liht sien
Here's my international student card.	**Hier is mijn internationale studentenkaart.**
	heer is mien in • tehr • na • syoa • naa • leh stew • dehn • tehn • kaart

Known as **Stayokay**, the Dutch Youth Hostel Association operates some 30 official youth hostels around the Netherlands in buildings ranging from modern facilities to castles or country houses. You may request a private or shared room; breakfast and sheets are included in the price. Hostelling International (HI) cardholders are exempt from surcharges and receive special discounts. You may purchase HI cards on the spot.
There are also a number of unofficial hostels throughout the country. The quality of these may range from poor to excellent.

GOING CAMPING

Can we camp here?	**Mogen we hier kamperen?**
	moa • khuhn vie heer kahm • pay • ruhn
Is there a campsite near here?	**Is er een camping in de buurt?**
	ihs ehr uhn kehm • pihng ihn duh bewrt

What is the charge per day/week?	**Hoeveel kost het per dag/week?**
	hoo • fayl kohst heht pehr daakh/vayk
Do you have…?	**Heeft u…?**
	hayft ew…
cooking facilities	**kookgelegenheid**
	koak • khuh • lay • khuhn • hiet
electrical outlets	**stopcontacten**
	stohp • kohn • tahk • tuhn
laundry facilities	**wasmachines**
	vahs • maa • shee • nuhs
showers	**douches**
	doo • shuhs
tents for hire	**tenten te huur**
	tehn • tuhn tuh hewr
Where can I empty the chemical toilet?	**Waar kan ik het chemisch toilet legen?**
	vaar kahn ihk heht khay • mees tvaa • leht lay • khun

For In the Kitchen, see page 178.

YOU MAY SEE…

DRINKWATER	drinking water
VERBODEN TE KAMPEREN	no camping
GEEN KAMPVUREN/BARBECUES	no fires/ barbecues

COMMUNICATIONS

NEED TO KNOW

Where's an internet cafe?	**Waar vind ik een internetcafé?** *vaar fihnt ihk uhn ihn•tuhr•neht•kaa•fay*
Can I access the internet?	**Kan ik hier internetten?** *kahn ihk heer ihn•tuhr•neh•tuhn*
Can I check my email?	**Kan ik mijn e-mail checken?** *kahn ik mien ee•mayl tsheh•kuhn*
How much per hour/half hour?	**Hoeveel kost het per uur/half uur?** *hoo•fayl kohst heht pehr ewr/hahlf ewr*
How do I connect/log on?	**Hoe kan ik verbinding maken/inloggen?** *hoo kahn ihk fuhr•bihn•dihng maa•kuhn/ihn•loh•khun*
I'd like a phone card, please.	**Ik wil een telefoonkaart, alstublieft.** *ihk vihl uhn tay•luh•foan•kaart ahls•tew•bleeft*
Can I have your phone number?	**Mag ik uw telefoonnummer?** *mahkh ihk ew tay•luh•foan•nuh•muhr*
Here's my number/email address.	**Hier is mijn telefoonnummer/e-mailadres.** *heer ihs mien tay•luh•foan•nuh•muhr/ee•mayl•aa•drehs*
Call me.	**Bel me.** *behl muh*
E-mail me.	**Stuur me een e-mail.** *stewr muh uhn ee•mayl*

Hello. This is…	**Hallo. U spreekt met…**
	hallo ew spraykt meht…
I'd like to speak to…	**Ik wil graag met…spreken.**
	ihk vihl khraakh meht…spray • kuhn
Can you repeat that?	**Kunt u dat herhalen?**
	kuhnt ew daht hehr • haa • luhn
I'll call back later.	**Ik bel straks wel even terug.**
	ihk behl strahks vehl ay • fuhn truhkh
Bye.	**Dag.**
	dahkh
Where's the post office?	**Waar is het postkantoor?**
	vaar ihs heht pohst • kahn • toar
I'd like to send this to…	**Ik wil dit naar… versturen.**
	ihk vihl diht naar…fuhr • stew • ruhn

ONLINE

Where's an internet cafe?	**Waar vind ik een internetcafé?**
	vaar fihnt ihk uhn ihn • tuhr • neht • kaa • fay
Does it have wireless internet?	**Is er draadloos internet?**
	ihs ehr draat • loas ihn • tuhr • neht
What is the WiFi password?	**Wat is het wifi-wachtwoord?**
	vaht is heht wee • fee vahkht • voart
Is the WiFi free?	**Is wifi gratis?**
	is wee • fee khrah • tis
Do you have bluetooth?	**Heeft u bluetooth?**
	hayft ew bluetooth
How do I turn the computer on/off?	**Hoe zet ik de computer aan/uit?**
	hoo zeht ihk duh kohm • pyoo • tuhr aan/awt
Can I…?	**Kan ik…?**
	kahn ihk…

access the internet here	**hier internetten**
	heer ihn • tuhr • neh • tuhn
check e-mail	**mijn e-mail checken**
	mien ee • mayl tsheh • kuhn
print	**printen**
	prihn • tuhn
plug in/charge my laptop/ iPhone/iPad?	**mijn laptop/iPhone/iPad aansluiten/ opladen?**
	mien laptop/iPhone/iPad/ aan • slaw • tehn/ohp • laa • dehn
access Skype?	**Skypen?**
	skypen
How much per hour/ half hour?	**Hoeveel kost het per uur/half uur?**
	hoo • fayl kohst heht pehr ewr/hahlf ewr
How do I...?	**Hoe moet ik...?**
	hoo moot ihk...
connect/ disconnect	**verbinding maken/de verbinding verbreken**
	fuhr • bihn • dihng maa • kuhn/duh fuhr • bihn • dihng fuhr • bray • kuhn
log on/off	**inloggen/uitloggen**
	ihn • lohkh • uhn/awt • lohkh • uhn
type this symbol	**dit symbool typen**
	diht sihm • boal tee • puhn
What's your email?	**Wat is uw e-mailadres?**
	vaht ihs ew ee • mayl • aa • drehs
My email is...	**Mijn e-mailadres is...**
	mien ee • mayl • aa • drehs ihs...
Do you have a scanner?	**Heeft u een scanner?**
	hayft ew uhn scanner

YOU MAY SEE...

SLUITEN	close
VERWIJDEREN	delete
E-MAIL	e-mail
AFSLUITEN	exit
HELP	help
INSTANT MESSENGER	instant messenger
INTERNET	internet
INLOGGEN	login
NIEUW BERICHT	new message
AAN/UIT	on/off
OPENEN	open
AFDRUKKEN	print
VERZENDEN	send
GEBRUIKERSNAAM/WACHTWOORD	username/ password
DRAADLOOS INTERNET	wireless internet

SOCIAL MEDIA

Are you on Facebook/Twitter?	**Bent u op Facebook/Twitter?** *behnt ew ohp Facebook/Twitter*
What's your user name?	**Wat is uw gebruikersnaam?** *waht is ew kheh • <u>braw</u> • kehrs • naam*
I'll add you as a friend.	**Ik zal u toevoegen als vriend.** *ik sahl ew <u>too</u> • foo • khehn ahls freent*
I'll follow you on Twitter.	**Ik zal u volgen op Twitter.** *ik sahl ew <u>fohl</u> • khehn op twitter*
Are you following...?	**Volgt u...?** *fohlkht ew*

I'll put the pictures on Facebook/Twitter.	**Ik zal de foto's op Facebook/Twitter zetten.**
	ihk sahl duh foa • toas op facebook/twitter seh • tehn
I'll tag you in the pictures.	**Ik zal u op de foto's taggen.**
	ihk sahl ew ohp duh foa • toas taggen.

PHONE

A phone card, please.	**Een telefoonkaart, alstublieft.**
	uhn tay • luh • foan • kaart ahls • tew • bleeft
How much?	**Hoeveel kost het?**
	hoo • fayl kohst heht
Where's the pay phone?	**Waar is de telefooncel?**
	waar is duh tay • leh • foan • sehl
What's the area/ country code for…?	**Wat is het netnummer/landnummer van…?**
	vaht ihs heht <u>neht</u> • nuh • muhr/ <u>lahnt</u> • nuh • muhr fahn…
What's the number for Information?	**Wat is het nummer van Inlichtingen?**
	vaht ihs heht <u>nuh</u> • muhr fahn <u>ihn</u> • likh • tihng • uhn
I'd like the number for…	**Ik zoek het nummer van…**
	ihk zook heht <u>nuh</u> • muhr fahn…
I'd like to call collect [reverse the charges].	**Ik wil een collect call maken.**
	ihk wihl ayn collect call maa • kehn
My phone doesn't work here.	**Mijn telefoon werkt hier niet.**
	mien tay • luh • <u>foan</u> vehrkt heer neet
What network are you on?	**Op welk netwerk zit u?**
	ohp vehlk neht • vehrk siht ew
Is it 3G?	**Is het 3G?**
	is heht dree • khay

YOU MAY HEAR...

Met wie spreek ik?
meht vee sprayk ihk

Who's calling?

Kunt u aan de lijn blijven?
kuhnt ew aan duh lien blie • fuhn

Hold on.

Hij?/Zij/is niet beschikbaar.
hie?/zie/ihs neet buh • skhihk • baar

He/She can't come to the phone.

Wilt u een bericht achterlaten?
vihlt ew uhn buh • rikht ahkh • tuhr • laa • tuhn

Would you like to leave a message?

Kan hij?/zij/u terugbellen?
kahn hie?/zie/ew truhkh • beh • luhn

Can he/she call you back?

Wat is uw nummer?
vaht ihs ew nuh • muhr

What's your number?

I have run out of credit/minutes.	**Mijn tegoed/minuten zijn op.** *mien <u>tuh • khooht</u>/meen • <u>ew</u> • tehn sien ohp*
Can I buy some credit?	**Kan ik tegoed kopen?** *kahn ihk <u>tuh • khooht</u> <u>koa • pehn</u>*
Do you have a phone charger?	**Heeft u een telefoonoplader?** *hayft ew uhn tay • leh • <u>foan</u> • ohp • laa • duhr*
Can I have your number?	**Mag ik uw nummer?** *mahkh ihk ew nuh • muhr*
My number is…	**Mijn nummer is…** *mien <u>nuh</u> • muhr is…*
Please call me.	**Ik verzoek u me te bellen.** *ihk fuhr • <u>zook</u> ew muh tuh beh • luhn*
Please text me.	**Ik verzoek u me te sms'en.** *ihk fuhr • <u>zook</u> ew muh tuh <u>ehs</u> • ehm • <u>ehs</u> • uhn*
I'll call you.	**Ik zal u bellen.** *ihk zahl ew <u>beh</u> • luhn*

I'll text you. **Ik zal u sms'en.**
ihk zahl ew <u>ehs</u> • ehm • <u>ehs</u> • uhn

For Numbers, see page 18.

Public phones, mainly found in and around most train
stations, are disappearing in the Netherlands due to the
popularity of mobile phones. Public phones accept credit
cards and **Telfort** phone cards, which may be purchased
at all **NS** station ticket offices as well from **GWK** and some
shops. Many public phones no longer accept coins. Schiphol
Airport has added a new type of public phone, the **Multifoon**
(multi-phone), that can be used to make calls, send e-mail and
request information via the internet.
Important telephone numbers:
Emergencies 112
Operator assistance 0800 0410
To call the U.S. or Canada from the Netherlands or Belgium,
dial 00 + 1 + area code + phone number.
To call the U.K., dial 00 + 44 + area code (minus the first 0)
+ phone number.

TELEPHONE ETIQUETTE

Hello. This is… **Dag. U spreekt met…**
dahkh ew spraykt meht…

I'd like to speak to… **Ik wil graag met…spreken.**
ihk vihl khraakh meht…<u>spray</u> • kuhn

Extension… **Toestel…**
<u>too</u> • stehl…

Can you speak **Kunt u iets harder/langzamer spreken?**
louder/more slowly? *kuhnt ew eets <u>hahr</u> • duhr/*
lahng • zaa • muhr <u>spray</u> • kuhn

Can you repeat that?	**Kunt u dat herhalen?**
	kuhnt ew daht hehr • haa • luhn
I'll call back later.	**Ik bel straks wel even terug.**
	ihk behl strahks vehl ay • fuhn truhkh
Bye.	**Dag.**
	dahkh

FAX

Can I send/receive a fax here?	**Kan ik hier een fax versturen/ ontvangen?**
	kahn ihk heer uhn fahks fuhr • stew • ruhn/ ohnt • fahng • uhn
What's the fax number?	**Wat is het faxnummer?**
	vaht ihs heht fahks • nuh • muhr
Please fax this to…	**Kunt u dit faxen naar…**
	kuhnt ew diht fahk • suhn naar…

POST

| Where's the post office/mailbox [postbox]? | **Waar is het postkantoor/de brievenbus?** |
| | *vaar ihs heht pohst • kahn • toar/duh bree • fuhn • buhs* |

A stamp for this lottery/postcard, please.	**Een postzegel voor deze brief/ ansichtkaart, alstublieft.** *uhn pohst • zay • khuhl foar day • zuh breef/ahn • sihkht • kaart ahls • tew • bleeft*
How much?	**Hoeveel kost het?** *hoo • fayl kohst heht*
I want to send this package by airmail/ express.	**Ik wil dit pakje per luchtpost/expres versturen.** *ihk vihl diht pahk • yuh pehr lukht • pohst/ ehks • prehs fuhr • stew • ruhn*
Can I have a receipt?	**Mag ik een kwitantie?** *mahkh ihk uhn kvee • tahnt • see*

Postkantoren (post offices) can be recognized by the **TNT POST** sign. Regular offices are open Monday Friday from 9:00 a.m. to 5:00 p.m. Some larger ones are open on Saturday mornings. Stamps can often be bought from tobacconists, news kiosks and stationery shops. Mailboxes are orange. The mailbox has two slots, one for letters in the local area (the mailbox indicates which post codes go into this slot) and one for all other letters. The latter is marked **overige bestemmingen** (other destinations).

YOU MAY HEAR...

Kunt u dit douaneaangifteformulier invullen?
kuhnt ew dit doo • aa • nuh • aan • khihf • tuh • fohr • mew • leer ihn • fuh • luhn

Can you fill out the customs declaration form?

Hoeveel is dit waard?
hoo • fayl ihs diht vaart

What's the value?

Wat zit hierin?
vaht ziht heer • ihn

What's inside?

SIGHTSEEING

NEED TO KNOW

Where's the tourist information office?	**Waar is het VVV-kantoor?** *vaar ihs heht* *vay • vay • <u>vay</u> • kahn • <u>toar</u>*
What are the main points of interest?	**Wat zijn de bezienswaardigheden?** *vaht zien duh* *buh • zeens • <u>waar</u> • dihkh • hay • duhn*
Do you have tours in English?	**Verzorgt u excursies in het Engels?** *fuhr • <u>zohrkht</u> ew ehks • <u>kuhr</u> • sees ihn* *heht <u>ehng</u> • uhls*
Can I have a map/ guide please?	**Mag ik een kaart/gids, alstublieft?** *mahkh ihk uhn kaart/<u>khihts</u>* *ahls • tew • <u>bleeft</u>*

TOURIST INFORMATION

Do you have any information on...?	**Heeft u informatie over...?** *hayft ew ihn • fohr • <u>maat</u> • see <u>oa</u> • fuhr...*
Can you recommend...?	**Kunt u...aanbevelen?** *kuhnt ew...aan • buh • fay • luhn*
a boat trip	**een rondvaart** *uhn rohnt • faart*
an excursion	**een excursie** *uhn eks • kuhr • see*
a sightseeing tour	**een toeristische rondrit** *uhn too • rihs • tee • suh rohnt • riht*

For Asking Directions, see page 61.

VVV, Vereniging voor Vreemdelingenverkeer
(tourist information offices), are located throughout
the Netherlands, and offer a number of services such as
assisting in travel arrangements, providing information
about attractions and cultural events, booking tickets and
making reservations.

ON TOUR

I'd like to go on the tour to…	**Ik wil graag de excursie doen naar…** *ihk vihl khraakh duh ehks • kuhr • see doon naar…*
Are there tours in English?	**Zijn er excursies in het Engels?** *zien ehr ehks • kuhr • sees ihn hcht ehng • uhls*
What time do we leave/return?	**Hoe laat vertrekken we/komen we terug?** *hoo laat fuhr • treh • kuhn vuh/koa • muhn vuh truhkh*
Can we stop here…?	**Kunnen we hier stoppen…?** *kuh • nuhn vuh heer stoh • puhn…*

to take photographs	**om foto's te nemen**
	ohm foa • toas tuh nay • muhn
to buy souvenirs	**om souvenirs te kopen**
	ohm soo • fuh • neers tuh koa • puhn
to use the restrooms [toilets]	**om naar het toilet te gaan**
	ohm naar heht tvaa • leht tuh khaan
Is there access for the disabled?	**Is het toegankelijk voor gehandicapten?**
	ihs heht too • khahn • kuh • luhk foar khuh • hehn • dee • kehp • tuhn

For Tickets, see page 43.

SEEING THE SIGHTS

Where is/are...?	**Waar is/zijn...?**
	vaar ihs/zien...
the battleground	**het slagveld**
	heht slahkh • fehlt
the botanical garden	**de botanische tuin**
	duh boa • taa • nee • suh tawn
the castle	**het kasteel**
	heht kahs • tayl
the downtown area	**het stadscentrum**
	heht staht • sehn • truhm
the fountain	**de fontein**
	duh fohn • tien
the library	**de bibliotheek**
	duh bee • blee • oa • tayk
the market	**de markt**
	duh mahrkt
the museum	**het museum**
	heht mew • zay • uhm
the old town	**het oude stadsgedeelte**
	heht ow • duh stahts • khuh • dayl • tuh

the opera house	**de opera**
	duh oa • peh • raa
the palace	**het paleis**
	heht paa • lies
the park	**het park**
	heht pahrk
the ruins	**de ruïnes**
	duh rew • ee • nuhs
the shopping area	**de winkels**
	duh vihn • kuhls
the town square	**het stadsplein**
	heht stahts • plien
Can you show me on the map?	**Kunt u dat op de kaart laten zien?**
	kuhnt ew daht ohp duh kaart laa • tuhn zeen
It's…	**Het is…**
	heht ihs…
amazing	**verbazingwekkend**
	fehr • baa • sihng • weh • kehnt
beautiful	**mooi**
	moay
boring	**saai**
	saay
interesting	**interessant**
	ihn • tuh • reh • sahnt

magnificent	**schitterend**
	skhih • teh • rehnt
romantic	**romantisch**
	roa • mahn • tees
strange	**vreemd**
	fraymt
terrible	**vreselijk**
	fray • suh • luhk
ugly	**lelijk**
	lay • luhk
I like/don't like it.	**Ik vind het mooi/niet mooi.**
	ihk fihnt heht moay/neet moay

RELIGIOUS SITES

Where's…?	**Waar is…?**
	vaar ihs…
the cathedral	**de kathedraal**
	duh kah • teh • draal
the church	**de kerk**
	duh kehrk
the mosque	**de moskee**
	duh mohs • kay

the synagogue	**de synagoge**
	duh see • naa • khoa • khuh
the temple	**de tempel**
	duh tehm • puhl
What time is mass/ the service?	**Hoe laat is de mis/dienst?**
	hoo laat ihs duh mihs/deenst

ACTIVITIES

SHOPPING

NEED TO KNOW

Where is the market/ mall [shopping centre]?	**Waar is de markt/het winkelcentrum?** *vaar ihs duh mahrkt/heht vihn • kuhl • sehn • truhm*
I'm just looking.	**Ik kijk alleen.** *ihk kiek ah • layn*
Can you help me?	**Kunt u me helpen?** *kuhnt ew muh hehl • puhn*
I'm being helped.	**Ik word al geholpen.** *ihk vohrt ahl khuh • hohl • puhn*
How much?	**Hoeveel kost het?** *hoo • fayl kohst heht*
That one.	**Die daar.** *dee daar*
That's all, thanks.	**Das was het, dank u.** *das vas heht dangk ew*
Where do I pay?	**Waar moet ik betalen?** *vaar moot ihk buh • taa • luhn*
I'll pay in cash/ by credit card.	**Ik wil graag contant/met creditcard betalen.** *ihk vihl khraakh kohn • tahnt/meht kreh • diht • kaart buh • taa • luhn*
A receipt, please.	**Mag ik de bon.** *mag ihk duh bon*

Visiting the local markets is a fun and colorful experience. There are large as well as small markets throughout the Netherlands, where you can buy all types of goods: fruit and vegetables, cheese and bread, prepared foods, fabric and clothes, plants and flowers and so on. Some are open daily and others weekly; check with the tourist information office for exact schedules. In general, shops are open from Tuesday Saturday from 9:00 a.m. to 5:00 or 6:00 p.m. Most are closed on Monday morning and some are open on Sunday with shorter hours. In many large cities, Thursdays are late-night shopping days, with stores remaining open until 9:00 p.m.

AT THE SHOPS

Where is…?	**Waar is…?**
	vaar ihs…
the antiques store	**de antiekwinkel**
	duh ahn • teek • vihn • kuhl
the bakery	**de bakker**
	duh bah • kuhr
the bank	**de bank**
	duh bahnk
the bookstore	**de boekwinkel**
	duh book • vihn • kuhl
the clothing store [clothes shop]	**de kledingwinkel**
	duh klay • dihng • vihn • kuhl
the delicatessen	**de delicatessenwinkel**
	duh day • lee • kaa • teh • suhn • vihn • kuhl
the department store	**het warenhuis**
	hehl vaa • ruhn • haws

the gift shop	**de cadeauwinkel**
	duh kah • doa • vihn • kehl
the health food	**de reformwinkel**
store	*duh ray • fohrm • vihn • kuhl*
the jeweler	**de juwelier**
	duh yew • uh • leer
the liquor store	**de slijter**
[off-licence]	*duh slie • tuhr*
the market	**de markt**
	duh mahrkt
the music store	**de muziekzaak**
	duh mew • seek • vihn • kehl
the pastry shop	**de banketbakker**
	duh bang • keht • bah • kuhr
the pharmacy	**de apotheek**
[chemist]	*duh ah • poa • tayk*
the produce	**de groentenboer**
[grocery] store	*duh khroon • tuh • boor*
the shoe store	**de schoenenwinkel**
	duh skhoon • uhn • vihn • kuhl
the shopping mall	**het winkelcentrum**
[grocery] store	*heht vihn • kuhl • sehn • truhm*
[centre]	
the souvenir store	**de souvenirwinkel**
	duh soo • vuh • neer • vihn • kuhl
the supermarket	**de supermarkt**
	duh sew • puhr • mahrkt
the tobacconist	**de tabakswinkel**
	duh taa • bahks • vihn • kuhl
the toy store	**de speelgoedwinkel**
	duh spayl • khoot • vihn • kuhl

ASK AN ASSISTANT

When does... open/close?	**Hoe laat gaat...open/dicht?** *hoo laat khaat...oa • puhn/dihkht*
Where is/are...?	**Waar is/zijn...?** *vaar ihs/zien...*
the cashier [cash desk]	**de kassa** *duh kah • saa*
the escalator	**de roltrap** *duh rohl • trahp*
the elevator [lift]	**de lift** *duh lihft*
the fitting rooms	**de paskamers** *duh pahs • kaa • muhrs*
the store guide [directory]	**winkelplattegrond** *vihn • kuhl • plah • tuh • khrohnt*
Can you help me?	**Kunt u me helpen?** *kuhnt ew muh hehl • puhn*
I'm just looking.	**Ik kijk alleen.** *ihk kiek ah • layn*
I'm being helped.	**Ik word al geholpen.** *ihk vohrt ahl khuh • hohl • puhn*
Do you have any...?	**Heeft u ook...?** *hayft ew oak...*
Can you show me...?	**Kunt u me...laten zien?** *kuhnt ew muh...laa • tuhn zeen*
Can you ship/ wrap it?	**Kunt u het versturen/inpakken?** *kuhnt ew heht fuhr • stew • ruhn/ ihn • pah • kuhn*
How much?	**Hoeveel kost het?** *hoo • fayl kohst heht*
That's all, thanks.	**Meer niet, dank u.** *mayr neet, dangk ew*

For Souvenirs, see page 115.

YOU MAY HEAR...

Kan ik u helpen?
kahn ihk ew hehl • puhn

Can I help you?

Een ogenblik.
uhn oa • khuhn • blihk

One moment.

Wat mag het zijn?
vaht mahkh heht zien

What would you like?

Anders nog iets?
ahn • duhrs nohkh eets

Anything else?

YOU MAY SEE...

OPEN/GESLOTEN	open/closed
GESLOTEN TIJDENS DE LUNCH	closed for lunch
PAKAMER	fitting room
CAISSIERE	cashier
ALLEEN CONTANT	cash only
CREDITKAARTEN WORDEN	credit cards
GEACCEPTEERD	accepted
WERKUREN	business hours
UITGANG	exit

PERSONAL PREFERENCES

I'd like something...	**Ik wil graag iets...**	
	ihk vihl khraakh eets...	
cheap/expensive	**goedkoops/duurs**	
	khoot • koaps/dewrs	
larger/smaller	**groters/kleiners**	
	khroa • tuhrs/klie • nuhrs	

Around… euros.	**Ongeveer … euro.** *ohn • kheh • fayr … ur • roa*
Is it real?	**Is het echt?** *ihs heht ehkht*
Can you show me this/that?	**Kunt u me dit/dat laten zien?** *kuhnt ew muh diht/daht laa • tuhn zeen*
That's not quite what I want.	**Dat is niet helemaal wat ik zoek.** *daht ihs neet hay • luh • maal vaht ihk zook*
No, I don't like it.	**Nee, ik vind het niet mooi.** *nay ihk fihnt heht neet moay*
That's too expensive.	**Dat is te duur.** *daht ihs tuh dewr*
I'd like to think about it.	**Ik wil er nog even over nadenken.** *ihk vihl ehr nokh ay • fuhn oa • fuhr naa • dehn • kuhn*
I'll take it.	**Ik neem hem.** *ihk naym hehm*

PAYING & BARGAINING

How much?	**Hoeveel kost het?** *hoo • fayl kohst heht*
I'll pay in cash/by credit card.	**Ik wil graag contant/met een creditcard betalen.** *ihk vihl khraakh kohn • tahnt/meht uhn kreh • diht • kaart buh • taa • luhn*
I'll pay by traveler's check.	**Ik betaal met travellers cheque.** *ihk behtaal meht traveler's chcck*
Can I have a receipt, please?	**Mag ik een kwitantie, alstublieft?** *mahkh ihk uhn kvee • tahn • see ahls • tew • bleeft*
That's too much.	**Dat is te veel.** *daht ihs tuh fayl*
I'll give you…	**Ik kan u…geven.** *ihk kahn ew…khay • fuhn*

I have only… euros.	**Ik heb maar… euro.**
	ihk hehp maar… ur • roa
Is that your best price?	**Is dat uw beste prijs?**
	ihs daht ew beh • steh pries
Can you give me a discount?	**Kunt u me korting geven?**
	kuhnt ew muh kohr • tihng khay • fuhn

For Numbers, see page 18.

YOU MAY HEAR...

Hoe wilt u betalen?	How are you
hoo vihlt ew buh • taa • luhn	paying?
Uw creditkaart is geweigerd.	Your credit card
ew kreh • diht • kaart ihs khe • wie • khehrt	has been declined.
Legitimatie, alstublieft.	ID please.
lay • khee • tee • maa • tsee,	
ahls • tuh • bleeft	
Wij accepteren geen creditkaarten.	We don't accept
wie ahk • sehp • tay • rehn khayn	credit cards.
kreh • diht • kaartehn	
Alleen contant geld, alstublieft.	Cash only, please.
ah • layn kohn • tahnt khehlt	
ahls • tew • bleeft	

MAKING A COMPLAINT

I'd like...	**Ik wil graag...**
	ihk vihl khraakh...
to exchange this	**dit ruilen**
	diht raw•luhn
to return this	**dit terugbrengen**
	diht truhkh•brehng•uhn
a refund	**mijn geld terug**
	mien khehlt truhkh
to see the manager	**de manager spreken**
	duh maa•naa•zhuhr spray•kuhn

SERVICES

Can you recommend...?	**Kunt u...aanbevelen?**
	kuhnt ew...aan•buh•fay•luhn
a barber	**een herenkapper**
	uhn hay•ruhn•kah•puhr
a dry cleaner	**een stomerij**
	uhn stoa•muh•rie
a hairdresser	**een dameskapper**
	uhn daa•muhs•kah•puhr
a laundromat	**een wasserette**
	uhn vah•suh•reh•tuh
a nail salon	**een nagelsalon**
	uhn naa•khuhl•saa•lohn
a spa	**een kuuroord**
	uhn kewr•oart
a travel agency	**een reisbureau**
	uhn ries•bew•roa
Can you...this?	**Kunt u dit...?**
	kuhnt ew diht...

alter	**vermaken**
	fuhr • maa • kuhn
dry clean	**stomen**
	stoa • muhn
mend	**verstellen**
	fuhr • steh • luhn
press	**persen**
	pehr • suhn
When will it be ready?	**Wanneer is het klaar?**
	vah • nayr ihs heht klaar

HAIR & BEAUTY

I'd like…	**Ik wil graag…**
	ihk vihl khraakh…
an appointment for today/ tomorrow	**een afspraak voor vandaag/morgen**
	uhn ahf • spraak foar fahn • daakh/ mohr • khuhn
some color/ highlights	**een kleurspoeling/highlights**
	uhn klur • spoo • lihng/highlights
my hair styled/ blow-dried	**m'n haar laten stylen/föhnen**
	muhn haar laa • tuhn stie • luhn/fuh • nuhn
a haircut	**geknipt worden**
	khuh • knihpt vohr • duhn
a trim	**bijknippen**
	bie • knih • pehn
Don't cut it too short.	**Niet te kort, alstublieft.**
	neet tuh kohrt ahls • tew • bleeft
Shorter here.	**Hier mag het korter.**
	heer mahkh heht kohr • tuhr
I'd like…	**Ik wil graag…**
	ihk vihl khraakh…
an eyebrow/bikini wax	**een wenkbrauwwax/bikiniwax**
	uhn vehnk • brow • vahks/ bee • kee • nee • vahks

a facial	**een gezichtsbehandeling**
	uhn khuh • zihkhts • buh • hahn • duh • lihng
a manicure/	**een manicure/pedicure**
pedicure	*uhn maa • nee • kewr/pay • dee • kewr*
a (sports)	**een (sport)massage**
massage	*uhn (spohrt)mah • saa • zhuh*
Do you do...?	**Biedt u...?**
	beet ew...
acupuncture	**acupunctuur**
	aa • kew • puhnk • tewr
aromatherapy	**aromatherapie**
	aa • roa • maa • tay • raa • pee
oxygen treatment	**zuurstofbehandeling**
	zewr • stohf • buh • hahn • duh • lihng
Is there a sauna?	**Is er een sauna?**
	ihs ehr uhn sow • naa

> (i)
>
> Some luxury hotels in the Netherlands offer
> thalassotherapy, or sea water treatments, as well
> as other health and beauty treatments. A handful of day
> and destination spas are scattered through the country, for
> example near Rotterdam and Groningen.

ANTIQUES

How old is this?	**Hoe oud is dit?**
	hoo owt ihs diht
Will I have problems	**Krijg ik problemen met de douane?**
with customs?	*kriekh ihk proa • blay • muhn meht duh*
	doo • vaa • nuh
Do you have	**Heeft u iets uit de ... periode?**
anything from	*hayft ew eets awl duh ...*
the...period?	*pay • ree • yoa • deh*

Do I have to fill out any forms?	**Moet ik hier een formulier voor invullen?**
	moot ihk heer uhn fohr • mew • leer foor ihn • fuh • lehn
Is there a certificate of authenticity?	**Is er een certificaat van echtheid?**
	ihs ehr uhn sehr • tee • fee • kaat fahn ehkht • hiet
Can you ship/ wrap it?	**Kunt u het verzenden/inpakken?**
	kuhnt ew heht fehr • sehn • dehn/ ihn • pah • kehn

CLOTHING

I'd like…	**Ik wil graag…**
	ihk vihl khraakh…
Can I try this on?	**Mag ik dit passen?**
	mahkh ihk diht pah • suhn
It doesn't fit.	**Het past niet.**
	heht pahst neet
It's too…	**Het is te…**
	heht ihs tuh…
big	**groot**
	khroat
small	**klein**
	klien
short	**kort**
	kohrt
long	**lang**
	lahng
tight	**strak**
	strahk
loose	**los**
	lohs
Do you have this in size…?	**Heeft u dit in maat…?**
	hayft ew diht ihn maat…

Do you have this in a bigger/smaller size?	**Heeft u dit in een grotere/kleinere maat?**
	hayft ew diht ihn uhn khroa • tuh • ruh/ klie • nuh • ruh maat

For Numbers, see page 18.

YOU MAY HEAR...

Dat staat je goed. *daht staat yeh khoot*	That looks great on you.
Hoe zit het? *hoo ziht heht*	How does it fit?
Wij hebben het niet in uw maat. *wie heh • behn heht neet ihn ew maat*	We don't have your size.

YOU MAY SEE...

HERENKLEDING	men's clothing
DAMESKLEDING	women's clothing
KINDERKLEDING	children's clothing

COLORS

I'd like something in...	**Ik wil graag iets...**
	Ihk vihl khraakh eets...
beige	**in beige**
	ihn beh • zhuh
black	**zwarts**
	zvahrts
blue	**blauws**
	blows
brown	**bruins**
	brawns

green	**groens**
	khroons
gray	**grijs**
	khries
orange	**oranjes**
	oa • rahn • yuhs
pink	**in roze**
	ihn roh • zuh
purple	**paars**
	paars
red	**roods**
	roats
white	**wits**
	vihts
yellow	**geels**
	khayls

CLOTHES & ACCESSORIES

a backpack	**rugzak**
	ruhkh • zahk
a belt	**riem**
	reem
a bikini	**bikini**
	bee • kee • nee
a blouse	**bloes**
	bloos
a bra	**beha**
	bay • haa
a coat	**jas**
	yahs
a dress	**jurk**
	yuhrk
a hat	**hoed**
	hoot

a jacket	**jasje**
	yahs • yuh
jeans	**spijkerbrock**
	spie • kuhr • brook
pajamas	**pyjama**
	pee • yaa • maa
pants [trousers]	**lange broek**
	lahng • uh brook
pantyhose [tights]	**panty**
	pehn • tee
a purse [handbag]	**handtas**
	hahn • tahs
a raincoat	**regenjas**
	ray • khuhn • yahs
a scarf	**sjaal**
	shaal
a shirt	**overhemd**
	oa • fuhr • hehmt
shorts	**korte broek**
	kohr • tuh brook
a skirt	**rok**
	rohk
socks	**sokken**
	soh • kuhn
a suit	**pak**
	pahk
sunglasses	**zonnebril**
	zoh • nuh • brihl
a sweater	**trui**
	traw
a sweatshirt	**sweatshirt**
	sweht • shuhrt
swimming trunks	**zwembroek**
	zwehm • brook

a swimsuit	**zwempak**
	zwehm • pahk
a T-shirt	**T-shirt**
	tee • shurt
a tie	**stropdas**
	strohp • dahs
underwear	**slip** m/**onderbroek** f
	slihp/ohn • duhr • brook

FABRIC

I'd like…	**Ik wil graag iets van…**
	ihk vihl khraakh eets fahn…
cotton	**katoen**
	kaa • toon
denim	**spijkerstof**
	spie • kuhr • stohf
lace	**kant**
	kahnt
leather	**leer**
	layr
linen	**linen**
	lih • nuhn
silk	**zijde**
	zie • duh
wool	**wol**
	vohl
Is it machine washable?	**Kan het in de machine worden gewassen?**
	kahn heht ihn duh mah • shee • nuh vohr • duhn khuh • vahs • suhn

SHOES

I'd like...	**Ik wil graag...**
	ihk vihl khraakh...
high-heels/flats	**hoge hakken/platte schoenen**
	hoa • kheh hah • kehn/plah • teh
	skhoo • nehn
boots	**laarzen**
	laar • zuhn
loafers	**moccasins**
	moh • kah • sihns
sandals	**sandalen**
	sahn • daa • luhn
shoes	**schoenen**
	skhoo • nuhn
slippers	**pantoffels**
	pahn • toh • fuhls
sneakers	**gymschoenen**
	khihm • skhoo • nuhn
In size...	**In maat...**
	ihn maat...

For Numbers, see page 18.

SIZES

small	**klein**
	klien
medium	**medium**
	may • dee • yuhm
large	**groot**
	khroat
extra large	**extra groot**
	ehks • traa khroat

petite	**tenger**
	tehng • uhr
plus size	**extra grote maat**
	ehks • traa khroa • tuh maat

NEWSAGENT & TOBACCONIST

Do you sell English-language books/newspapers?	**Verkoopt u Engelstalige boeken/kranten?**
	fuhr • koapt ew ehng • uhls • taa • lih • khuh boo • kuhn/krahn • tuhn
I'd like...	**Ik wil graag...**
	ihk vihl khraakh...
candy [sweets]	**snoep**
	snoop
chewing gum	**wat kauwgom**
	vaht kow • khohm
a chocolate bar	**een chocoladereep**
	ehn shoa • keh • laa • deh • rayp
cigars	**wat sigaren**
	vaht see • khaa • ruhn
a pack/carton of cigarettes	**een pakje/slof sigaretten**
	uhn pahk • yuh/slohf see • khaa • reh • tuhn
a lighter	**een aansteker**
	uhn aan • stay • kuhr
a magazine	**een tijdschrift**
	uhn tiet • skhrihft
matches	**wat lucifers**
	vaht lew • see • fehrs
a newspaper	**een krant**
	ehn krahnt
a pen	**een pen**
	ehn pehn
a postcard	**een ansichtkaart**
	ehn ahn • sihkht • kaart

a road/town map of...	**een wegenkaart/stadsplattegrond van...**
	uhn vay • khuhn • kaart/ stahts • plah • tuh • khrohnt fahn...
stamps	**wat postzegels**
	vaht pohst • zay • khuhls

PHOTOGRAPHY

I'm looking for... camera.	**Ik zoek...fototoestel.**
	ihk zook...foa • toa • too • stehl
an automatic	**een automatisch**
	uhn oa • toa • maa • tees
a digital	**een digital**
	uhn dee • khee • taal
a disposable	**een wegwerp**
	uhn vehkh • wehrp
I'd like...	**Ik wil graag...**
	ihk vihl khraakh...
a battery	**een batterij**
	uhn bah • tuh • rie
digital prints	**digitale afdrukken**
	dee • khee • taa • luh ahf • druh • kuhn
a memory card	**een geheugenkaart**
	uhn khuh • hu • khuhn • kaart
Can I print digital photos here?	**Kan ik hier digitale foto's afdrukken?**
	kahn ihk heer dee • khee • taa • luh foa • toas ahf • druh • kuhn

SOUVENIRS

decorative tiles	**siertegels**
	seer • tay • khuhls
(Gouda) candles	**(Goudse) kaarsen**
	(khowt • suh) kaar • suhn

cookies [biscuits]	**biscuits**	*bihs • kvees*
bottle of wine	**fles wijn**	*flehs vien*
box of chocolates	**doos bonbons**	*doas bohn • bohns*
cheese	**kaas**	*kaas*
chocolate	**chocolade**	*shoa • koa • laa • duh*
clogs	**klompen**	*klohm • puhn*
Delft blue pottery	**Delfts blauw**	*dehlfts blow*
dolls in local costume	**poppen in klederdracht**	*poh • puhn ihn klay • duhr • drahkht*
Dutch egg liqueur	**advocaat**	*aht • foa • kaat*
Dutch gin	**jenever**	*yuh • nay • fuhr*
key ring	**sleutelring**	*slu • tuhl • rihng*
miniature windmill	**miniatuurmolen**	*mee • nee • yaa • tewr • moa • luhn*
porcelain	**porselein**	*pohr • suh • lien*
postcards	**ansichtkaarten**	*ahn • sihkht • kaar • tuhn*
pottery	**aardewerk**	*aar • duh • vehrk*
souvenir guide	**souvenirgids**	*soo • fuh • neer • khihts*
Can I see this/that?	**Mag ik deze/die zien?**	*mahkh ihk day • zuh/dee zeen*

It's the one in the window/display case.	**Het is die in de etalage/de vitrine.** *heht ihs dee ihn duh ay•taa•laa•zhuh/ duh fee•tree•nuh*
I'd like…	**Ik wil graag…** *ihk vihl khraakh…*
a battery	**een batterij** *uhn bah•tuh•rie*
bracelet	**een armband** *uhn ahrm•bahnt*
a brooch	**een broche** *uhn broh•shuh*
earrings	**oorbellen** *oar•beh•luhn*
a necklace	**een halsketting** *uhn hahls•keh•tihng*
a ring	**een ring** *uhn rihng*
a watch	**een horloge** *uhn hohr•loa•zhuh*
I'd like…	**Ik wil graag iets…** *ihk vihl khraakh eets…*
copper	**van koper** *fahn koa•puhr*
crystal	**van kristal** *fahn krihs•tahl*
diamond	**van diamant** *fahn dee•yaa•mahnt*
white/yellow gold	**van witgoud/geelgoud** *fahn viht•khowt/khayl•khowt*
pearls	**met parels** *meht paa•ruhls*
pewter	**van tin** *fahn tihn*
platinum	**van platina** *fahn plaa•tee•naa*

sterling silver	**sterling zilver**
	stehr • lihng zihl • fuhr
Is this real?	**Is dit echt?**
	ihs diht ehkht
Can you engrave it?	**Kunt u het graveren?**
	kuhnt ew heht khraa • fay • ruhn

> The Dutch are especially famous for their flowers
> and wooden clogs. Other original souvenirs include
> Delft blue (those not marked with a "D" are not genuine)
> and Makkum pottery, tiles, candles from Gouda, pewter
> and antiques (try around the Nieuwe Spiegelstraat in
> Amsterdam). Food items such as cheese (especially
> from Gouda or Edam), chocolate (Droste™) and cookies
> (Verkade™) are also popular. Souvenir shops tend to be
> expensive, but there are many specialty stores. Look for
> signs indicating tax-free shopping.

SPORT & LEISURE

NEED TO KNOW

When's the game?	**Wanneer is de wedstrijd?**
	vah • nayr ihs duh veht • striet
Where's...?	**Waar is...?**
	vaar ihs...
the beach	**het strand**
	heht strahnt
the park	**het park**
	heht pahrk
the pool	**het zwembad**
	heht zvehm • baht
Is it safe to swim/ dive here?	**Is het veilig om hier te zwemmen/ duiken?**
	ihs heht fie • lihkh ohm heer tuh zveh • muhn/daw • kuhn
Can I rent [hire] golf clubs?	**Kan ik golfclubs huren?**
	kahn ihk gohlf • kluhps hew • ruhn
How much per hour?	**Hoeveel kost het per uur?**
	hoo • fayl kohst heht pehr ewr
How far is it to...?	**Hoe ver is het naar...?**
	hoo fehr ihs heht naar...
Can you show me on the map?	**Kunt u me dat op de kaart laten zien?**
	kuhnt ew muh daht ohp duh kaart laa • tuhn zeen

WATCHING SPORT

When's…?	**Wanneer is…?**
	vah • nayr ihs…
the basketball game	**de basketbalwedstrijd**
	duh bahs • kuht • bahl • weht • striet
the boxing match	**de bokswedstrijd**
	duh bohks • weht • striet
the cycling race	**de wielerwedstrijd**
	duh vee • luhr • weht • striet
the golf tournament	**het golftoernooi**
	heht gohlf • toor • noay
the soccer [football] game	**de voetbalwedstrijd**
	duh foot • bahl • weht • striet
the tennis match	**de tennismatch**
	duh teh • nihs • mehtsh
the volleyball game	**de volleybalwedstrijd**
	duh voh • lee • bahl • weht • striet
Which teams are playing?	**Welke teams spelen er?**
	vehl • kuh teems spay • luhn ehr
Where's…?	**Waar is…?**
	vaar ihs…

the horsetrack	**de paardenrenbaan**
	duh paar • duhn • rehn • baan
the racetrack	**het circuit**
	heht suhr • kvee
the stadium	**het stadion**
	heht staa • dee • yohn
Where can I place a bet?	**Waar kan ik gokken?**
	waar kahn ihk khoh • kehn

(i)

Cycling, both **fietsen** (leisure) and **wielrennen** (competitive), is very popular in the Netherlands. Other sports such as **voetbal** (soccer) and **hockey** (hockey) are also popular to watch and play. The Dutch are generally great fans of soccer and will wear the national color (orange) from head to toe while attending matches of the national soccer team.

PLAYING SPORT

Where is/are...?	**Waar is/zijn...?**
	vaar ihs/zien...
the golf course	**de golfbaan**
	duh gohlf • baan
the gym	**de fitnessruimte**
	duh fiht • nuhs • rawm • tuh
the park	**het park**
	heht pahrk
the tennis courts	**de tennisbanen**
	duh teh • nihs • baa • nuhn
How much per...?	**Hoeveel kost het per...?**
	hoo • fayl kohst heht pehr...
day	**dag**
	dahkh

hour	**uur**
	ewr
game	**partij**
	pahr • tie
round	**ronde**
	rohn • duh
Can I rent [hire]…?	**Kan ik…huren?**
	kahn ihk…hew • ruhn
golf clubs	**golfclubs**
	gohlf • kluhps
equipment	**een uitrusting**
	uhn awt • ruhs • tihng
a racket	**een racket**
	uhn rah • kuht

AT THE BEACH/POOL

Where's the beach/ pool?	**Waar is het strand/zwembad?**
	vaar ihs heht strahnt/zvehm • baht
Is there…?	**Is er…?**
	ihs ehr…
a kiddie [paddling] pool	**een kinderzwembad**
	uhn kihn • duhr • zvehm • baht
an indoor/outdoor pool	**een binnenbad/buitenbad**
	uhn bih • nuhn • baht/baw • tuhn • baht
a lifeguard	**een badmeester**
	uhn baht • mays • tuhr
Is it safe…?	**Is het veilig…?**
	ihs heht fie • lihkh…
to swim	**om te zwemmen**
	ohm tuh zveh • muhn
to dive	**om te duiken**
	ohm tuh daw • kuhn
for children	**voor kinderen**
	foar kihn • duh • ruhn

I want to hire…	**Ik wil…huren.**
	ihk vihl…hew • ruhn
a deck chair	**een ligstoel**
	uhn lihkh • stool
diving equipment	**duikuitrusting**
	dawk • awt • ruhs • tihng
a jet-ski	**een jetski**
	uhn dzheht • skee
a motorboat	**een motorboot**
	uhn moa • tohr • boat
a rowboat	**een roeiboot**
	uhn rooy • boat
snorkeling equipment	**snorkeluitrusting**
	snohr • kehl • awt • ruhs • tihng
a surfboard	**een surfplank**
	uhn suhrf • plangk
a towel	**een handdoek**
	uhn hahn • dook
an umbrella	**een parasol**
	uhn paa • raa • sohl
water skis	**waterski's**
	vaa • tuhr • skees
a windsurfer	**een windsurfplank**
	uhn vihnt • suhrf • plahnk
For…hours.	**Voor…uur.**
	foar…ewr

(i)

Zeilen (sailing) and other watersports are popular during the summer on **Friese meren** (the Frisian lakes) and in the more than 40 resorts along the coast. All different types of boats (including historic ships), canoes, windsurfers and water skis are available for rental. The Netherlands Board of Tourism publishes brochures with practical information and itineraries. Ask for information at the local tourist information office.

WINTER SPORTS

A ticket for the skating rink, please.	**Een kaartje voor de ijsbaan, alstublieft.** *uhn kaart • yuh foar duh ies • baan ahls • tew • bleeft*
I want to rent [hire] ice skates.	**Ik wil schaatsen huren.** *ihk vihl skhaat • suhn hew • ruhn*
These are too big/small.	**Deze zijn te groot/klein.** *day • zuh zien tuh khroat/klien*
Can I take skating lessons?	**Kan ik schaatslessen nemen?** *ahn ihk skhaats • leh • suhn nay • muhn*
I'm a beginner.	**Ik ben beginner.** *ihk behn beh • khih • nehr*
I'm experienced.	**Ik ben gevorderd.** *ihk behn kheh • vohr • dehrt*

OUT IN THE COUNTRY

I'd like a map of…	**Ik wil graag een kaart van…** *ihk vihl khraakh uhn kaart fahn…*
this region	**deze regio** *day • zuh ray • khee • oa*
the walking routes	**de wandelroutes** *duh vahn • duhl • roo • tuhs*
the bike routes	**de fietsroutes** *duh feets • roo • tuhs*
the trails	**de wandelpaden** *duh vahn • duhl • paa • duhn*
Is it easy/difficult?	**Is het makkelijk/moeilijk?** *ihs heht mah • kuh • luhk/mooy • luhk*
Is it far/steep?	**Is het ver/steil?** *ihs heht fehr/stiel*
How far is it to…?	**Hoe ver is het naar…?** *hoo fehr ihs heht naar…*

Can you show me on the map?	**Kunt u me dat op de kaart laten zien?**
	kuhnt ew muh daht ohp duh kaart laa • tuhn zeen
I'm lost.	**Ik ben verdwaald.**
	ihk behn fuhr • dwaalt
Where is…?	**Waar is…?**
	vaar ihs…
the bridge	**de brug**
	duh bruhkh
the cave	**de grot**
	duh khroht
the farm	**de boerderij**
	duh boor • duh • rie
the field	**het veld**
	heht fehlt
the forest	**het bos**
	heht bohs
the lake	**het meer**
	heht mayr
the nature preserve	**het natuurreservaat**
	heht naa • tewr • ray • zuhr • faat
the overlook	**het uitkijkpunt**
	heht awt • kiek • puhnt
the park	**het park**
	heht pahrk
the path	**het pad**
	het paht
the picnic area	**het picknickgebied**
	heht pihk • nihk • khuh • beet
the pond	**de vijver**
	duh fie • fehr
the river	**de rivier**
	duh ree • feer
the sea	**de zee**
	duh zay
the stream	**de beek**
	duh bayk

For Asking Directions, see page 61.

TRAVELING WITH CHILDREN

NEED TO KNOW

Is there a discount for children?	**Is er korting voor kinderen?** *ihs ehr kohr•tihng foar kihn•duh•ruhn*
Can you recommend a babysitter?	**Kunt u een oppas aanbevelen?** *kuhnt ew uhn ohp•pahs aan•buh•fay•luhn*
Can I have a highchair?	**Mogen we een kinderstoel?** *moa•khuhn vuh uhn kihn•duhr•stool*
Where can I change the baby?	**Waar kan ik de baby verschonen?** *vaar kahn ihk duh bay•bee fuhr•skhoa•nuhn*

OUT & ABOUT

Can you recommend something for the kids?	**Kunt u iets aanbevelen voor de kinderen?** *kuhnt ew eets aan•buh•fay•luhn foar duh kihn•duh•ruhn*
Where's...?	**Waar is...?** *vaar ihs...*
the amusement park	**het pretpark** *heht preht•pahrk*
Where's...?	**Waar is...?** *vaar ihs...*
the arcade	**de speelhal** *duh spayl•hahl*
the kiddie [paddling] pool	**het kinderzwembad** *heht kihn•duhr•zvehm•baht*

the park	**het park**
	heht pahrk
the playground	**de speeltuin**
	duh spayl • tawn
the zoo	**de dierentuin**
	duh dee • ruhn • tawn
Are kids allowed?	**Zijn kinderen daar toegestaan?**
	zien kihn • duh • ruhn daar too • khuh • staan
Is it safe for kids?	**Is het veilig voor kinderen?**
	ihs heht fie • lihkh foar kihn • duh • ruhn
Is it suitable for... year-olds?	**Is het geschikt voor kinderen van...jaar?**
	ihs heht khuh • skhihkt foar kihn • duh • ruhn fahn...yaar

For Numbers, see page 18.

YOU MAY HEAR...

Wat schattig!	How cute!
vaht skhah • tihkh	
Hoe heet hij *m*/**zij** *f*?	What's his/her name?
hoo hayt hie/zie	
Hoe oud is hij *m*/**zij** *f*?	How old is he/she?
hoo owt ihs hie/zie	

BABY ESSENTIALS

Do you have…?	**Heeft u…?**
	hayft ew…
a baby bottle	**een babyfles**
	uhn bay • bee • flehs
baby wipes	**babydoekjes**
	bay • bee • dook • yuhs
a car seat	**een kinderzitje**
	uhn kihn • duhr • ziht • yuh
a children's	**een kindermenu/kinderportie uhn**
menu/portion	*kihn • duhr • muh • new/*
	kihn • duhr • pohr • see
a highchair	**een kinderstoel**
	uhn kihn • duhr • stool
a crib/cot	**een wieg/kinderbedje**
	uhn veekh/kihn • duhr • beht • yuh
diapers [nappies]	**luiers**
	law • yuhrs
formula	**flesvoeding**
	flehs • foo • dihng
a pacifier [dummy]	**een fopspeen**
	uhn fohp • spayn
a playpen	**een babybox**
	uhn bay • bee • bohks
a stroller	**een kinderwagen**
[pushchair]	*uhn kihn • duhr • vaa • khun*
Can I breastfeed	**Mag ik mijn baby hier de borst geven?**
the baby here?	*mahkh ihk mien bay • bee heer duh bohrst*
	khay • fuhn
Where can I	**Waar kan ik de baby verschonen?**
change the baby?	*vaar kahn ihk duh bay • bee*
	fuhr • skhoa • nuhn

For Dining with Children, see page 162.

BABYSITTING

Can you recommend a babysitter?	**Kunt u een oppas aanbevelen?** *kuhnt ew uhn ohp•pahs* *aan•buh•fay•luhn*
What's the charge?	**Hoeveel kost het?** *hoo•fayl kohst heht*
We'll be back by…	**We zijn om…uur terug.** *vuh zien ohm…ewr truhkh*
I can be reached at…	**U kunt me bij…bereiken.** *ew kuhnt muh bie…buh•rie•kuhn*

HEALTH & SAFETY

Nooduitgang

NEED TO KNOW

Help!	**Help!**
	hehlp
Go away!	**Ga weg!**
	khaa vehkh
Stop thief!	**Houd de dief!**
	howt duh deef
Get a doctor!	**Haal een dokter!**
	haal uhn dohk • tuhr
Fire!	**Brand!**
	brahnt
I'm lost.	**Ik ben verdwaald.**
	ihk behn fuhr • dvaalt
Can you help me?	**Kunt u me helpen?**
	kuhnt ew muh hehl • puhn

YOU MAY HEAR...

Vul dit formulier in.
fuhl diht fohr • muh • leer ihn

Fill out
this form.

Mag ik uw legitimatiebewijs zien?
*mahkh ihk ew lay • khee • tee • maat • see
zeen*

Can I see your
identification?

Wanneer/Waar is het gebeurd?
vah • nayr/vaar ihs heht khuh • burt

When/Where did
it happen?

Hoe ziet hij m/zij f eruit?
hoo zeet hie /zie ehr • awt

What does he/
she look like?

In an emergency, dial 112 for police, fire brigade or
ambulance.

POLICE

NEED TO KNOW

Call the police!	**Bel de politie!**
	bel duh poa • leet • see
Where's the police station?	**Waar is het politiebureau?**
	vaar ihs heht poa • leet • see • bew • roa
There's been an accident.	**Er is een ongeluk gebeurd.**
	ehr ihs uhn ohn • khuh • luhk khuh • buhrd
My child is missing.	**Ik ben mijn kind kwijt.**
	ihk behn mien kihnt kviet
I need…	**Ik wil…**
	ihk vihl…
an interpreter	**gebruikmaken van een tolk**
	khuh • brawk maa • kuhn fahn uhn tohlk
to contact my lawyer	**mijn advocaat spreken**
	mien at • foa • kaat spray • kuhn
to make a phone call	**iemand bellen**
	ee • mahnt beh • luhn
I'm innocent.	**Ik ben onschuldig.**
	ihk behn ohn • skhuhl • dihkh

CRIME & LOST PROPERTY

I want to report…	**Ik wil…melden.**
	ihk vihl…mehl • duhn
a mugging	**een beroving**
	uhn buh • roa • fihng
a rape	**een verkrachting**
	uhn fuhr • krahkh • tihng

a theft	**een diefstal**
	uhn deef • stahl
I've been robbed/ mugged.	**Ik ben beroofd/overvallen.**
	ihk behn buh • roaft/oa • fuhr • fah • luhn
I've lost my…	**Ik heb mijn…verloren.**
	ihk hehp mien…fuhr • loa • ruhn
My…was/were stolen.	**Mijn…is/zijn gestolen.**
	mien…ihs/zien khuh • stoa • luhn
backpack	**rugzak**
	ruhkh • zahk
bicycle	**fiets**
	feets
camera	**fototoestel**
	foa • toa • too • stehl
car/hire car	**auto/huurauto**
	ow • toa/hewr • ow • toa
computer	**computer**
	kohm • pyoo • tuhr
credit card	**creditcard**
	kreh • diht • kaart
jewelry	**sieraden**
	see • raa • duhn
money	**geld**
	khehlt
purse [handbag]	**handtas**
	hahn • tahs
traveler's checks [cheques]	**reischeques**
	ries • shehks
wallet	**portemonnee**
	pohr • tuh • moh • nay
I need a police report.	**Ik heb een politierapport nodig.**
	ihk hehp uhn poa • lee • tsee • rah • pohrt noa • dihkh

Where is the British/ American/Irish embassy?	**Waar is de Britse/Amerikaanse/Ierse ambassade?** *waar ihs duh briht • se/ aa • meh • ree • kaan • seh/eer • seh ahm • bah • saa • duh*

HEALTH

NEED TO KNOW

I'm sick [ill].	**Ik ben ziek.** *ihk behn zeek*
I need an English- speaking doctor.	**Ik zoek een dokter die Engels spreekt.** *ihk zook uhn dohk • tuhr dee ehng • uhls spraykt*
It hurts here.	**Het doet hier pijn.** *heht doot heer pien*
I have a stomachache.	**Ik heb maagpijn.** *ihk hehp maakh • pien*

FINDING A DOCTOR

Can you recommend a doctor/dentist?	**Kunt u een dokter/tandarts aanbevelen?**
	kuhnt ew uhn dohk • tuhr/tahnl • ahrts aan • buh • fay • luhn
Can the doctor come to see me here?	**Kan de dokter naar mij toekomen?**
	kahn duh dohk • tuhr naar mie too • koa • muhn
I need an English-speaking doctor.	**Ik heb een Engelsprekende dokter nodig.**
	ihk hehp uhn ehng • ehls • spray • kehn • duh dohk • tehr noa • dihkh
What are the office hours?	**Wat zijn de openingstijden?**
	vaht zien duh oa • puh • nihngs • tie • duhn
Can I make an appointment for today/tomorrow?	**Kan ik een afspraak maken voor vandaag/morgen?**
	kahn ihk uhn ahf • spraak maa • kuhn foar fahn • daakh/mohr • khuhn
I'd like an appointment for as soon as possible.	**Ik wil zo snel mogelijk een afspraak maken.**
	ihk wihl soa snehl moa • kheh • lehk uhn ahf • spraak maa • ken
It's urgent.	**Het is dringend.**
	heht ihs drihng • uhnt

SYMPTOMS

I'm...	**Ik...**
	ihk...
bleeding	**bloed**
	bloot
constipated	**heb last van constipatie**
	hehp lahst fahn kohn • stee • paat • see

dizzy	**ben duizelig**
	behn daw•zuh•luhkh
nauseous	**ben misselijk**
	behn mih•suh•luhk
vomiting	**moet overgeven**
	moot oa•fuhr•khay•fuhn
It hurts here.	**Het doet hier pijn.**
	heht doot heer pien
I have…	**Ik heb…**
	ihk hehp…
an allergic reaction	**een allergische reactie**
	uhn ah•lehr•khee•suh ray•ahk•see
chest pain	**pijn op mijn borst**
	pien ohp mien bohrst
cramps	**kramp**
	krahmp
diarrhea	**diarree**
	dee•yaa•ray
an earache	**oorpijn**
	oar•pien
a fever	**koorts**
	koarts

pain	**pijn**
	pien
a rash	**huiduitslag**
	hawt • awt • slahkh
a sore throat	**keelpijn**
	kayl • pien
a sprain	**iets verstuikt**
	eets fuhr • stawkt
a stomachache	**maagpijn**
	maakh • pien
I have some swelling.	**Het is opgezet.**
	heht ihs ohp • khuh • zeht
I've been sick [ill] for...days.	**Ik ben al...dagen ziek.**
	ihk behn ahl...daa • khuhn zeek

For Numbers, see page 18.

CONDITIONS

I'm anemic.	**Ik heb bloedarmoede.**
	ihk hehp bloot • ahr • moo • duh
I'm diabetic.	**Ik ben suikerpatiënt.**
	ihk behn saw • kuhr • paa • shehnt
I'm epilieptic.	**Ik heb epilepsie.**
	ihk hehp ay • pee • lehp • see
I have asthma.	**Ik heb astma.**
	ihk hehp ahs • maa
I'm allergic to antibiotics/ penicillin.	**Ik ben allergisch voor antibiotica/ penicilline.**
	ihk behn ah • lehr • khees foar ahn • tee • bee • oa • tee • kaa/ pay • nee • see • lee • nuh
I have...	**Ik heb...**
	ihk hehp...

arthritis	**artritis**
	ahrt • ree • tihs
high/low blood pressure	**hoge/lage bloeddruk**
	hoa • khuh/laa • khuh bloot • druhk
a heart condition	**een hartkwaal**
	uhn hahrt • kvaal
I'm on…	**Ik neem…**
	ihk naym…

For Dietary Requirements, see page 161.

YOU MAY HEAR…

Wat is er mis?
vaht ihs ehr mihs
What's wrong?

Waar doet het pijn?
vaar doot heht pien
Where does it hurt?

Doet het hier pijn?
doot huht heer payn
Does it hurt here?

Neemt u andere medicijnen?
naymt ew ahn • duh • ruh
may • dee • sie • nuhn
Are you taking any other medication?

Bent u ergens allergisch voor?
behtn ew ehr • khuhns
ah • lehr • khees foar
Are you allergic to anything?

Kunt u uw mond openen?
kuhnt ew ewv mohnt oa • puh • nuhn
Open your mouth.

Even diep ademhalen.
ay • fuhn deep aa • duhm • haa • luhn
Breathe deeply.

Hoesten, alstublieft.
hoos • tehn, ahls • tuh • bleeft
Cough, please.

Ga naar het ziekenhuis.
khaa naar huht see • kehn • haws
Go to the hospital.

TREATMENT

Do I need a prescription/ medicine?	**Heb ik een recept/medicijn nodig?** *hehp ihk uhn reh•sehpt/may•dee•sien noa•dihkh*
Can you prescribe a generic drug [unbranded medication]?	**Kunt u een standaard medicijn voorschrijven?** *kuhnt ew uhn stahn•daart may•dee•sien foar•skhrie•fehn*
Where can I get it?	**Waar kan ik dit krijgen?** *waar kahn ihk diht krie•khehn*

For Pharmacy, see page 144.

HOSPITAL

Can you notify my family?	**Kunt u mijn familie op de hoogte brengen?** *kuhnt ew mien faa•mee•lee ohp duh hoakh•tuh brehng•uhn*
I'm in pain.	**Ik heb pijn.** *ik hehp pien*
I need a doctor/ nurse.	**Ik heb een dokter/verpleegster nodig.** *ihk hehp uhn dohk•tuhr/ fuhr•playkh•stuhr noa•dihkh*
When are visiting hours?	**Wanneer is het bezoekuur?** *vah•nayr ihs heht buh•zook•ewr*
I'm visiting…	**Ik kom op bezoek bij…** *ihk kohm ohp buh•zook bie…*

DENTIST

I've broken a tooth/ lost a filling.	**Ik heb een tand gebroken/ben een vulling verloren.**
	ihk hehp uhn tahnt khuh • broa • kuhn/ behn uhn fuh • lihng fuhr • loa • ruhn
I have toothache.	**Ik heb kiespijn.**
	ihk hehp kees • pien
Can you fix this denture?	**Kunt u dit kunstgebit repareren?**
	kuhnt ew diht kuhnst • khuh • biht ray • paa • ray • ruhn

GYNECOLOGIST

I have menstrual cramps/a vaginal infection.	**Ik heb menstruatiepijn/een vaginale infectie.**
	ihk hehp mehn • strew • aat • see • pien/ uhn faa • khih • naa • luh ihn • fehk • see
I missed my period.	**Ik ben niet ongesteld geworden.**
	ihk behn neet ohn • khuh • stehlt khuh • vohr • duhn
I'm on the Pill.	**Ik ben aan de pil.**
	ihk behn aan duh pihl
I'm (not) pregnant.	**Ik ben (niet) zwanger.**
	ihk behn (neet) zvahng • uhr
I'm (…months) pregnant.	**Ik ben (…maanden) zwanger.**
	ihk behn (…maandehn) swahng • ehr
I haven't had my period for…months.	**Ik ben al…maanden niet ongesteld geweest.**
	ihk behn ahl…maan • duhn neet ohn • khuh • stehlt khuh • vayst

For Numbers, see page 18.

OPTICIAN

I've lost...	**Ik heb...verloren.**
	ihk hehp...fuhr • loa • ruhn
a contact lens	**een van mijn contactlenzen**
	ayn fahn mien kohn • tahkt • lehn • zuhn
my glasses	**mijn bril**
	mien brihl
a lens	**een lens**
	uhn lehns

PAYMENT & INSURANCE

How much?	**Hoeveel kost het?**
	hoo • fayl kohst heht
Can I pay by credit card?	**Kan ik met een creditcard betalen?**
	kahn ihk meht uhn khreh • diht • kaart buh • taa • luhn
I have insurance.	**Ik ben verzekerd.**
	ihk behn fuhr • zay • kuhrt
Can I have a receipt for my insurance?	**Mag ik een kwitantie hebben voor mijn verzekering?**
	mahkh ihk uhn kvee • tahnt • see heh • buhn foar mien fuhr • zay • kuh • rihng

For Money, see page 28.

PHARMACY

NEED TO KNOW

Where's the nearest pharmacy [chemist]?	**Waar is de dichtstbijzijnde apotheek?**
	vaar ihs duh dihkhtst • bie • zien • duh ah • poa • tayk
What time does the pharmacy [chemist] open/close?	**Hoe laat gaat de apotheek open/ dicht?**
	hoo laat khaat duh ah • poa • tayk oa • puhn/dihkht
What would you recommend for...?	**Wat zou u aanbevelen voor...?**
	vaht zow ew aan • buh • fay • luhn foar...
How much should I take?	**Hoeveel moet ik er innemen?**
	hoo • fayl moot ihk ehr ihn • nay • muhn
Can you fill [make up] this prescription for me?	**Kunt u dit recept voor me klaarmaken?**
	kuhnt ew diht ruh • sehpt foar muh klaar • maa • kuhn
I'm allergic to...	**Ik ben allergisch voor...**
	ihk behn ah • lehr • khees foar...

WHAT TO TAKE

How much should I take?	**Hoeveel moet ik er innemen?**
	hoo • fayl moet ihk ehr ihn • nay • muhn
How often?	**Hoe vaak per dag?**
	hoo • faak pehr dahkh
Is it suitable for children?	**Is het geschikt voor kinderen?**
	ihs heht khuh • skhihkt foar kihn • duh • ruhn

The **apotheek** (pharmacy) fills medical prescriptions and the **drogisterij** (drug store) sells non-prescription items, toiletries and cosmetics. Regular opening hours are Monday to Friday from 8:00 or 9:00 a.m. until 6:00 p.m. On nights and weekends, pharmacies open on a rotating schedule: if the one you are outside is closed, check the sign in the window to find the closest pharmacy that is open.

YOU MAY SEE...

EEN/DRIE KEER PER DAG	once/three times a day
TABLETTEN	tablets
DRUPPEL	drop
VOOR/NA/BIJ MAALTIJDEN	before/after/with meals
OP EEN LEGE MAAG	on an empty stomach
IN EEN KEER DOORSLIKKEN	swallow whole
NIET INNEMEN	do not ingest

I'm taking…	**Ik neem…**
	ihk naym…
Are there side effects?	**Zijn er bijwerkingen?**
	zien ehr bie • vehr • kihng • uhn
I'd like some medicine for…	**Ik wil graag medicijnen tegen…**
	ihk vihl khraakh may • dee • sie • nuhn tay • khuhn…
a cold	**verkoudheid**
	fuhr • kowt • hiet
a cough	**hoesten**
	hoos • tuhn
diarrhea	**diarree**
	dee • ah • ray
a headache	**hoofdpijn**
	hoaft • payn
insect bites	**insectensteek**
	ihn • sehk • tehn • stayk
motion sickness	**reisziekte**
	ries • zeek • tuh
a sore throat	**keelpijn**
	kayl • pien
sunburn	**zonnebrand**
	zoh • nuh • branht

a toothache	**kiespijn**
	kees • payn
an upset stomach	**maagpijn**
	maakh • pien

BASIC SUPPLIES

I'd like…	**Ik wil graag…**
	ihk vihl khraakh…
acetaminophen	**paracetamol**
[paracetamol]	*paa • raa • say • taa • mohl*
antiseptic cream	**antiseptische crème**
	ahn • tee • sehp • tee • suh kreh • muh
I'd like…	**Ik wil graag…**
	ihk vihl khraakh…
aspirin	**aspirine**
	ahs • pee • ree • nuh
bandages	**pleisters**
[plasters]	*plies • tuhrs*
a comb	**een kam**
	uhn kahm
condoms	**condooms**
	kohn • doams

contact lens solution	**contactlensvloeistof**	
	kohn • tahkt • lehns • flooy • stohf	
deodorant	**deodorant**	
	day • oa • doa • rahnt	
a hairbrush	**een haarborstel**	
	uhn haar • bohr • stehl	
hair spray	**haarspray**	
	haar • spray	
ibuprofen	**ibuprofen**	
	ee-bew • proa • fehn	
insect repellent	**insektenspray**	
	ihn-sehk • tuhn • spray	
lotion	**lotion**	
	lotion	
a nail file (disposable)	**een nagelvijl**	
	uhn naa • khuhl • fiel	
razors	**wegwerpscheermesjes**	
	vehkh • vehrp • skhayr • mehs • yuhs	
razor blades	**scheermesjes**	
	skhayr • mehs • yuhs	
sanitary napkins [pads]	**maandverband**	
	maant • fuhr • bahnt	

shampoo/ conditioner	**shampoo/conditioner**
	shahm • poa/kohn • dih • shuh • nuhr
soap	**zeep**
	zayp
sunscreen	**zonnebrandcrème**
	zoh • nuh • brahnt • kreh • muh
tampons	**tampons**
	tahm • pohns
tissues	**tissues**
	tih • shoos
toilet paper	**toiletpapier**
	tvaa • leht • paa • peer
a toothbrush	**een tandenborstel**
	uhn tahn • duhn • bohr • stuhl
toothpaste	**tandpasta**
	tahnt • pahs • taa

For Baby Essentials, see page 128.

CHILD HEALTH & EMERGENCY

Can you recommend a pediatrician?	**Kunt u een kinderarts aanbevelen?**
	kuhnt ew uhn kihn • duhr • ahrts aan • buh • fay • luhn
My child is allergic to…	**Mijn kind is allergisch voor…**
	mien kihnt ihs ah • lehr • khees foar…
My child is missing.	**Ik ben mijn kind kwijt.**
	ihk behn mien kihnt kviet
Have you seen a boy/girl?	**Heeft u een jongen/meisje gezien?**
	hayft ew uhn yohng • uhn/mies • yuh khuh • zeen

For Police, see page 134.

DISABLED TRAVELERS

NEED TO KNOW

Is there access for the disabled?	**Is het toegankelijk voor gehandicapten?**
	is heht too • khahng • kuh • luhk foar khuh • hehn • dee • kehp • tuhn
Is there a wheelchair ramp?	**Is er een rolstoeloprit?**
	uhn rohl • stool • ohp • riht
Is there a handicapped [disabled-] accessible toilet?	**Is er een toilet dat toegankelijk is voor gehandicapten?**
	uhn tvaa • leht daht too • khahng • kuh • luhk ihs foar khuh • hehn • dee • kehp • tuhn
I need...	**Ik heb...nodig.**
	ihk hehp...noa • dihkh
assistance	**hulp**
	huhlp
an elevator [lift]	**een lift**
	uhn lihft
a ground-floor room	**een kamer op de begane grond**
	uhn kaa • muhr ohp duh buh • khaa • nuh khrohnt

ASKING FOR ASSISTANCE

I'm disabled.	**Ik ben gehandicapt.**
	ihk behn khuh • hehn • dee • kehpt
I'm deaf.	**Ik ben doof.**
	ihk behn doaf

betaal bij
parkeerautomaat

I'm visually/ hearing impaired.	**Ik ben slechtziend/slechthorend.** *ihk behn slehkht • zeent/ slehkht • hoa • ruhnt*
I'm unable to far/use the stairs.	**Ik kan niet ver lopen/de trap gebruiken.** *ihk kahn neet fehr loa • puhn/duh trahp khuh • braw • kuhn*
Please speak louder.	**Kunt u iets luider spreken, alstublieft?** *kuhnt ew eets law • dehr spray • kehn, ahls • tuh • bleeft*
Can I bring my wheelchair?	**Kan ik mijn rolstoel meenemen?** *kahn ihk mien rohl • stool may • nay • muhn*
Are guide dogs permitted?	**Zijn geleidehonden toegestaan?** *zien khuh • lei • duh • hohn • duhn too • khuh • staan*
Can you help me?	**Kunt u me helpen?** *kuhnt ew muh hehl • puhn*
Can you open/hold the door?	**Kunt u de deur openen/openhouden?** *kuhnt ew duh dur oa • puh • nuhn/ oa • puhn how • duhn*

For Emergencies, see page 132.

FOOD & DRINK

EATING OUT

NEED TO KNOW

Can you recommend a good restaurant/ bar?	**Kunt u een goed restaurant/goede bar aanbevelen?** *kuhnt ew uhn khoot rehs • toa • <u>rahnt/ khoo</u> • duh bahr <u>aan</u> • buh • <u>fay</u> • luhn*
Is there a traditional Dutch/an inexpensive restaurant near here?	**Is er een traditioneel Nederlands / goedkoop restaurant in de buurt?** *ihs ehr uhn <u>traa</u> • dee • shoa • <u>nayl</u> nay • duhr • lahnds/ khoot • <u>koap</u> rehs • toa • <u>rahnt</u> ihn duh bewrt*
A table for..., please.	**Een tafel voor..., alstublieft.** *uhn <u>taa</u> • fuhl foar...ahls • tew • <u>bleeft</u>*
Can we sit...?	**Kunnen we...zitten?** *<u>kuh</u> • nuhn vuh...<u>zih</u> • tuhn*
here/there	**hier/daar** *heer/daar*
outside	**buiten** *<u>baw</u> • tuhn*
in a non-smoking area	**in het gedeelte voor niet-rokers** *ihn heht khuh • <u>dayl</u> • tuh foar <u>neet</u> • <u>roa</u> • kuhrs*
I'm waiting for someone.	**Ik wacht op iemand.** *ihk vahkht ohp <u>ee</u> • mahnt*
Where are the restrooms/toilets?	**Waar is het toilet?** *vaar ihs heht tvaa • <u>leht</u>*
A menu, please?	**Mag ik een menukaart, alstublieft?** *mahkh ihk uhn muh • <u>new</u> • <u>kaart</u> ahls • tew • <u>bleeft</u>*

What do you recommend?	**Wat kunt u aanbevelen?**
	vaht kuhnt ew <u>aan</u> • buh • fay • luhn
I'd like...	**Ik wil graag...**
	ihk vihl khraakh...
Some more..., please.	**Nog wat..., alstublieft.**
	nohkh vaht... ahls • tew • <u>bleeft</u>
Enjoy your meal.	**Eet smakelijk.**
	ayt <u>smaa</u> • kuh • luhk
Can I have the check [bill]?	**Mag ik de rekening?**
	mahkh ihk duh <u>ray</u> • kuh • nihng
Is service included?	**Is de bediening inbegrepen?**
	ihs duh buh • <u>dee</u> • nihng ihn • buh • <u>khray</u> • puhn
Can I pay by credit card?	**Kan ik met creditcard betalen?**
	kahn ihk meht <u>khreh</u> • diht • kaart buh • <u>taa</u> • luhn
Can I have a receipt, please?	**Mag ik de bon alstublieft?**
	mahkh ihk duh bon ahls • tew • <u>bleeft</u>
Thank you.	**Dank u.**
	dahngk ew

WHERE TO EAT

Can you recommend...?	**Kunt u...aanbevelen?**
	kuhnt ew...<u>aan</u> • buh • fay • luhn
a restaurant	**een restaurant**
	uhn rehs • toa • <u>rahnt</u>
a bar	**een bar**
	uhn bahr
a cafe	**een café**
	uhn kaa • <u>fay</u>

a fast-food place	**een fastfoodrestaurant**
	uhn fahst • food • rehs • toa • rahnt
a cheap restaurant	**een goedkoop restaurant**
	uhn khoot • koap res • tow • rahnt
an expensive restaurant	**een duur restaurant**
	uhn dewr res • tow • rahnt
a restaurant with a good view	**een restaurant met een mooi uitzicht.**
	uhn res • tow • rahnt meht uhn moy awt • sihkht
an authentic/ non-touristy restaurant	**een authentiek/niet-toeristisch restaurant**
	uhn ow • tehn • teek/neet-too • rihs • tees res • tow • rahnt

RESERVATIONS & PREFERENCES

I'd like to reserve a table…	**Ik wil graag een tafel reserveren…**
	ihk vihl khraakh uhn taa • fuhl ray • zuhr • fay • ruhn…
for two	**voor twee personen**
	foar tvay puhr • soa • nuhn
for this evening	**voor vanavond**
	foar fah • naa • fohnt
for tomorrow at…	**voor morgen om…**
	foar mohr • khuhn ohm…
A table for two, please.	**Een tafel voor twee personen, alstublieft.**
	uhn taa • fuhl foar tvay puhr • soa • nuhn ahls • tew • bleeft
We have a reservation.	**We hebben gereserveerd.**
	vuh heh • buhn khuh • ray • zuhr • fayrt
My name is…	**Mijn naam is…**
	mien naam ihs…
Can we sit…?	**Kunnen we … zitten?**
	kuh • nehn wuh … sih • tehn

here/there	**hier/daar**
	hier/daar
outside	**buiten**
	baw • tehn
in a non-smoking area	**in een niet-rokers ruimte**
	ihn uhn neet-roa • kuhrs
by the window	**bij het raam**
	bie heht raam
in the shade	**in de schaduw**
	ihn duh skhaa • dew
in the sun	**in de zon**
	ihn duh sohn
Where are the toilets?	**Waar is het toilet?**
	vaar ihs heht tvaa • leht

YOU MAY HEAR...

Heeft u gereserveerd?
hayft ew khuh • ray • zuhr • fayrt
Do you have a reservation?

Voor hoeveel personen?
foar hoo • fayl puhr • soa • nuhn
For how many persons?

Roken of niet-roken?
roa • kuhn ohf neet • roa • kuhn
Smoking or non-smoking?

Wilt u al bestellen?
vihlt ew ahl buh • steh • luhn
Are you ready to order?

Wat mag het zijn?
vaht mahkh heht zien
What would you like?

Ik kan...aanbevelen.
ihk kahn...aan • buh • fay • luhn
I recommend...

Eet smakelijk.
ayt smaa • kuh • luk
Enjoy your meal.

HOW TO ORDER

Waiter/Waitress!	**Meneer/Mevrouw!** *muh • nayr/muh • frow*
We're ready to order.	**We willen graag bestellen.** *vuh vih • luhn khraakh buh • steh • luhn*
I'd like...	**Ik wil graag...** *ihk vihl khraakh...*
a bottle of...	**een fles...** *uhn flehs...*
a carafe of...	**een karaf...** *uhn kah • rahf...*
a glass of...	**een glas...** *uhn khlahs...*
Can I have a menu?	**Mag ik de menukaart?** *mahkh ihk duh muh • new • kaart*
Do you have...?	**Heeft u...?** *hayft ew...*
a menu in English	**een menukaart in het Engels** *uhn muh • new • kaart ihn heht ehng • uhls*
a fixed-price menu	**een vast menu** *uhn fahst muh • new*
a children's menu	**een kindermenu** *uhn kihn • duhr • muh • new*
What do you recommend?	**Wat kunt u aanbevelen?** *vaht kuhn ew aan • buh • fay • luhn*
What's this?	**Wat is dit?** *vaht ihs diht*
What's in it?	**Wat zit erin?** *vaht ziht ehr • ihn*
Is it spicy?	**Is het sterk gekruid?** *ihs heht stehrk kheh • krawt*
I'd like...	**Ik wil graag...** *ihk vihl khraakh...*

More…, please.	**Ik wil graag nog wat…, alstublieft.**
	ihk vihl khraakh nohkh vaht…
	ahls • tew • bleeft
With/Without…	**Met/Zonder…**
	meht/zohn • duhr…
I can't eat…	**Ik mag geen…eten.**
	ihk mahk khayn…ay • tuhn
rare	**kort gebakken**
	kohrt khuh • bah • kuhn
medium	**medium**
	may • dee • yuhm
well-done	**goed doorbakken**
	khoot doar • bah • kuhn
It's to go [take away].	**Het is om mee te nemen.**
	heht ihs ohm may tuh nay • muhn

For Drinks, see page 180.

YOU MAY SEE… 👁

COUVERT	cover charge
DAGSCHOTEL	menu of the day
BEDIENING (NIET) INBEGREPEN	service (not) included
SPECIALITEITEN	specials

COOKING METHODS

baked	**gebakken**
	khuh • bah • kuhn
boiled	**gekookt**
	khuh • koakt
braised	**gesmoord**
	khuh • smoart

breaded	**gepaneerd**
	khuh • pah • nayrt
creamed	**met room bereid**
	meht roam buh • riet
diced	**in blokjes gesneden**
	ihn blohk • yuhs khuh • snay • duhn
fileted	**gefileerd**
	khuh • fee • layrt
fried	**gebakken**
	khuh • bah • kuhn
grilled	**gegrild**
	khuh • khrihlt
poached	**gepocheerd**
	khuh • poa • shayrt
roasted	**geroosterd**
	khuh • roa • stuhrt
sautéed	**gesauteerd**
	khuh • sow • tayrt
smoked	**gerookt**
	khuh • roakt
steamed	**gestoomd**
	khuh • stoamt

stewed	**gestoofd**
	khuh • stoaft
stuffed	**gevuld**
	khuh • fuhlt

DIETARY REQUIREMENTS

I'm diabetic/ a vegetarian.	**Ik ben suikerpatiënt/vegetariër.**
	ihk behn saw • kuhr • paa • shehnt/ fay • khuh • taa • ree • yuhr
I'm lactose intolerant.	**Ik heb lactose-intolerantie.**
	ihk hehp lahk • toa • suh • ihn • toh • luh • rahnt • see
I'm vegetarian/ vegan.	**Ik ben vegetariër/veganist.**
	ihk behn fay • kheh • taa • rie • yehr/ fay • khah • nihst
I'm allergic to…	**Ik ben allergisch voor…**
	ihk behn ah • lehr • gees foar…
I can't eat…	**Ik mag geen…eten.**
	ihk mahkh khayn…ay • tuhn
dairy	**zuivel**
	zaw • fuhl
gluten	**gluten**
	khlew • tuhn
nuts	**noten**
	noa • tuhn
pork	**varkensvlees**
	fahr • kuhns • flays
shellfish	**schelpdieren**
	skhehlp • dee • ruhn
spicy food	**pikante gerechten**
	pee • kahn • tuh khuh • rehkh • tuhn
wheat	**tarwe**
	tahr • vuh

Is it halal/kosher?	**Is het halal/koosjer?**
	ihs heht haa • lahl/koa • shur
Do you have...?	**Heeft u...?**
	hayft ew...
skimmed milk	**magere melk**
	mah • kheh • reh mehlk
whole milk	**volle melk**
	foh • leh mehlk
soya milk	**sojamelk**
	soa • yah mehlk

DINING WITH CHILDREN

Do you have children's portions?	**Heeft u kinderporties?**
	hayft ew kihn • duhr • pohr • sees
Can I have a highchair?	**Mag ik een kinderstoel?**
	mahkh ihk uhn kihn • duhr • stool
Where can I feed/ change the baby?	**Waar kan ik de baby voeden/ verschonen?**
	vaar kahn ihk duh bay • bee foo • duhn/ fuhr • skhoa • nuhn
Can you warm this?	**Kunt u dit opwarmen?**
	kuhnt ew diht ohp • vahr • muhn

For Traveling with Children, see page 126.

HOW TO COMPLAIN

How much longer will our food be?	**Hoe lang moeten we nog op het eten wachten?**
	hoo lang moo • tuhn vuh nokh ohp heht ay • tuhn vahkh • tuhn
We can't wait any longer.	**We kunnen niet langer wachten.**
	vuh kuh • nuhn neet lahng • uhr vahkh • tuhn

We're leaving.	**We gaan weg.**
	vuh khaan vehkh
I didn't order this.	**Dat heb ik niet besteld.**
	daht hehp ihk neet buh • stehlt
I ordered…	**Ik heb om…gevraagd.**
	ihk hehp ohm…khuh • fraakht
I can't eat this.	**Dit kan ik niet eten.**
	diht kahn ihk neet ay • tuhn
This is too…	**Dit is te…**
	diht ihs tuh…
cold/hot	**koud/heet**
	kowt/hayt
salty/spicy	**zout/pikant**
	zowt/pee • kahnt
tough/bland	**taai/flauw** *taay/flow*
This isn't clean/ fresh.	**Dit is niet schoon/vers.**
	diht ihs neet skhoan/fehrs

PAYING

Can I have check [bill]?	**Mag ik de rekening?**
	mahkh ihk duh ray • kuh • nihng
We'd like to pay separately.	**We willen graag apart betalen.**
	vuh vih • luhn khraakh aa • pahrt buh • taa • luhn
It's all together, please.	**Alles bij elkaar, alstublieft.**
	ah • luhs bie ehl • kaar ahls • tew • bleeft
Is service included?	**Is de bediening inbegrepen?**
	ihs duh buh • dee • nihng ihn • buh • khray • puhn
What's this amount for?	**Waar is dit bedrag voor?**
	vaar ihs diht buh • drakh foar
I didn't have that. I had…	**Dat heb ik niet gehad. Ik had…**
	daht hehp Ihk neet khuh • haht ihk haht…

Can I pay by credit card?	**Kan ik met een creditcard betalen?** *kahn ihk meht uhn <u>khreh</u> • diht • kaart buh • <u>taa</u> • luhn*
Can I have an itemized bill/a receipt?	**Mag ik een gespecificeerde rekening/ kwitantie?** *mahkh ihk uhn khuh • <u>spay</u> • see • fee • <u>sayr</u> • duh <u>ray</u> • kuh • nihng/kvee • <u>tahnt</u> • see*
That was a very good meal.	**Dat was een uitstekende maaltijd.** *daht vahs uhn awt • <u>stay</u> • kuhn • duh <u>maal</u> • tiet*
I've already paid.	**Ik heb al betaald.** *ihk hehp ahl beh • <u>taalt</u>*

For Numbers, see page 18.

Sales tax and service charges are already calculated into restaurant bills. A tip of 10% is appreciated, but you will find that many Dutch people don't tip.

MEALS & COOKING

Ontbijt (breakfast) is usually eaten between 7:00 and 10:00 a.m. and consists of coffee and toast with jam or **hagelslag** (chocolate sprinkles). **Lunch** (lunch) is served from noon to 2:00 p.m. It is usually a light meal involving bread or rolls with cheese and cold cuts. **Avondeten** (dinner) is from 6:00 to 8:00 p.m. and is the main meal of the day. It may include soup, potatoes, meat and vegetables, followed by dessert.

BREAKFAST

boter	butter
boa • tuhr	
brood	bread
broat	
broodje	roll
broat • yuh	
ei	egg
ie	
roerei	scrambled egg
roor • ie	
honing	honey
hoa • nihng	
jam	jam
zhehm	
koffie met/zonder melk	coffee with/without milk
koh • fee meht/zohn • duhr mehlk	
melk	milk
mehlk	

thee	tea
tay	
roggebrood	rye bread
roh • khuh • broat	
toast	toast
toast	
vruchtensap	fruit juice
fruhkh • tuhn • sahp	

APPETIZERS

gerookte paling	smoked eel
khuh • roak • tuh paa • lihng	
huzarensalade	potato, vegetables
hew • zaa • ruhn • saa • laa • duh	and meat with
	mayonnaise
mosselen	mussels
moh • suh • luhn	
nieuwe haring	freshly caught, salt-
neeew • vuh haa • rihng	cured herring
oester	oyster
oos • tuhr	
pasteitje	pastry filled with
pahs • tie • tyuh	meat or fish

Russisch ei
ruh • see • suh _ie_
hard-boiled egg filled
with mayonnaise

zure haring
zew • ruh _haa_ • ring
pickled herring

SOUP

aardappelsoep
aar • dah • puhl • soop
potato soup

aspergesoep
ahs • _pehr_ • zhuh • soop
asparagus soup

bouillon
boo • _yohn_
broth

bruinebonensoep
braw • nuh _boa_ • nuhn soop
bean soup

erwtensoep
ehr • tuhn • soop
famous thick Dutch
pea soup with pig's
knuckle, smoked
sausage and bacon

gebonden soep
khuh • bohn • duhn soop
cream soup

groentesoep (met balletjes)
khroon • tuh • soop (meht bah • luh • tyuhs)
vegetable soup
(with meatballs)

heldere soep
hehl • duh • ruh soop
consommé

kippensoep
kih • puhn • soop
chicken soup

koninginnensoep
koa • nihng • ih • nuhn • soop
cream of chicken
soup

ossenstaartsoep
oh • suhn • staart • soop
oxtail soup

tomatensoep
toa • maa • tuhn • soop
tomato soup

uiensoep
aw • yuhn • soop
onion soup

vermicellisoep
vehr • mee • seh • lee • soop

clear noodle soup

vissoep
fihs • soop

fish soup

The Netherlands has a mild climate, though it is often cool and rains a lot, which may explain the heaviness of the food. A very famous traditional winter dish is **erwtensoep** (pea soup), made from peas, winter vegetables and chunks of sausage or ham. It is typically served with crusty bread. In a good **erwtensoep** you should be able to stand your spoon upright.

FISH & SEAFOOD

forel
foa • rehl

trout

garnaal
khahr • naal

shrimp [prawn]

gerookte paling
khuh • roak • tuh paa • lihng

smoked eel

haring
haa • rihng

herring [whitebait]

haringsalade
haa • rihng • saa • laa • duh

salad of herring, potatoes, beets, apples, pickles and mayonnaise

inktvis
ihnkt • fihs

squid

kabeljauw
kaa • buhl • yow

cod

krab
krahp

crab

kreeft	lobster
krayft	
makreel	mackerel
maa • krayl	
mossel	mussel
moh • suhl	
nieuwe haring	freshly caught,
neeew • vuh haa • rihng	salt-cured herring
octopus	octopus
ohk • toa • puhs	
oester	oyster
oos • tuhr	
paling	eel
paa • lihng	
sardientje	sardine
sahr • deen • tyuh	
schelvis	haddock
skhehl • fihs	
schol	plaice
skhol	
stokvisschotel	stew of dried cod,
stohk • fihs • skhoa • tuhl	potatoes, rice,
	onions
tong	sole
tohng	
tonijn	tuna
toa • nien	
schelpdier	clam
skehlp • deer	
zalm	salmon
zahlm	

MEAT & POULTRY

biefstuk	steak
beef • _stuhk_	
blinde vink	stuffed slices of veal
blihn • _duh_ _fihnk_	
duif	pigeon
dawf	
eend	duck
aynt	
fazant	pheasant
faa • _sahnt_	
gans	goose
khahns	
haas	hare
haas	
jachtschotel	meat casserole with
yahkht • _skhoa_ • _tuhl_	potatoes
kalfsvlees	veal
kahlfs • _flays_	
kalkoen	turkey
kahl • _koon_	
kip	chicken
kihp	
konijn	rabbit
koa • _nien_	
lamsvlees	lamb
lahms • _flays_	
parelhoen	guinea fowl
paa • _ruhl_ • _hoon_	
piepkuiken	spring chicken
peep • _kaw_ • _kuhn_	
rundvlees	beef
ruhnt • _flays_	

spek	bacon
spehk	
varkensvlees	pork
fahr • kuhns • flays	
wienerschnitzel	breaded veal chops
vee • nuhr shniht • suhl	
worst	sausage
vohrst	

VEGETABLES & STAPLES

aardappel	potato
aar • dah • puhl	
andijvie	endives
ahn • die • vee	
bietje	beetroot
beet • yuh	
bloemkool	cauliflower
bloom • koal	
champignon	mushroom
shahm • pee • yohn	
erwt	pea
ehrt	
knoflook	garlic
knohf • loak	

komkommer	cucumber
kohm • kohm • muhr	
kool	cabbage
koal	
kruiden	herbs
kraw • duhn	
paprika (rode/groene)	(red/green) pepper
paa • pree • kaa (roa • duh/khroo • nuh)	
pasta	pasta
pahs • taa	
raap	turnip
raap	
rabarber	rhubarb
raa • bahr • buhr	
rijst	rice
riest	
selderij	celery
sehl • duh • rie	
sla	lettuce
slaa	
sperziebonen	green beans
spehr • see • boa • nuhn	
stamppot van boerenkool	kale and potatoes,
met rookworst	with smoked
stahm • poht fahn boo • ruhn • koal	sausage
meht roak • vohrst	
ui	onion
aw	
witlof	Belgian endive
viht • lohf	
witte asperge (met saus)	white asparagus
vih • tuh ah • spehr • zhuh (meht sows)	(with sauce)
wortel	carrot
vohr • tuhl	
zuurkool	sauerkraut
zewr • koal	

FRUIT

aardbei _aart_ • bie	strawberry
ananas _ah_ • naa • nahs	pineapple
appel _ah_ • puhl	apple
banaan baa • _naan_	banana
braam braam	blackberry
druif drawf	grape
framboos frahm • _boas_	raspberry
granaatappel khraa • naat • ah • puhl	pomegranate
grapefruit _grayp_ • froot	grapefruit
kers kehrs	cherry
mandarijn _mahn_ • daa • _rien_	tangerine
mango _mahn_ • goa	mango
meloen muh • _loon_	melon
nectarine nehk • taa • _ree_ • nuh	nectarine
perzik _pehr_ • zihk	peach
pruim prawm	plum

rode bes   red currant
roa • _duh_ _behs_
sinaasappel   orange
see • _naas_ • _ah_ • _puhl_
watermeloen   watermelon
vaa • _tuhr_ • _muh_ • _loon_

CHEESE

Edammer kaas   Edam mild cheese
_ay_ • _dah_ • _muhr kaas_
Friese nagelkaas   cheese from
free • _suh_ _naa_ • _khuhl_ • _kaas_   Friesland, made
                                                with skimmed milk
                                                and cloves
geitenkaas   goat's cheese
khie • _tuhn_ • _kaas_
Goudse kaas   famous Gouda
khowt • _suh kaas_   cheese
komijnekaas   mild, hard cheese
koa • _mie_ • _nuh_ • _kaas_   with cumin seeds;
                                                also called **Leidse
                                                kaas**
Leerdammer kaas   sweet, nutty cheese
layr • _dah_ • _muhr kaas_
Maaslander kaas   Gouda-like cheese
maas • _lahn_ • _duhr kaas_

DESSERT

appeltaart   Dutch apple tart
_ah_ • _puhl_ • _taart_
chipolatapudding   pudding of eggs,
shee • _poa_ • _laa_ • _taa_ • _puh_ • _dihng_   biscuits and liqueur
gebak   pastry or cake
khuh • _bahk_

Haagse bluf
haakh • suh bluhf

kwarktaart
kvahrk • taart

pannenkoek
pah • nuhn • kook

poffertje
poh • fuhr • tyuh

vla
flaa

vruchtenvlaai
fruhkh • tuhn • flaay

wafel
vaa • fuhl

whipped egg whites
with currant sauce

light cheesecake

thin pancake

tiny sugared pancake

custard

Limburg fruit flan

waffle

SAUCES & CONDIMENTS

zout
zowt

peper
pay • puhr

mosterd
moh • stehrt

ketchup

salt

pepper

mustard

ketchup

AT THE MARKET

Where are the carts
[trolleys]/baskets?

Waar staan de wagentjes/mandjes?
*vaar staan duh vaa • khun • tyuhs/
mahnt • yuhs*

Where is/are...?

Waar is/zijn...?
vaar ihs/zien...

I'd like some of
that/those.

Ik wil graag wat van dat/die.
ihk vihl khraakh vaht tahn daht/dee

> In the Netherlands, you'll find many
> **pannenkoekhuisjes** (pancake restaurants), which offer
> entire menus of sweet and savory pancakes. A traditional
> combination is **spekpannenkoek met stroop** (with bacon
> and syrup), substantial enough for a whole meal! Though
> **pannenkoeken** tend to be thick, there is a very popular thin
> variety called **flensjes.**

Can I taste it?	**Mag ik het proeven?**
	mahkh ihk heht proo • fuhn
I'd like…	**Ik wil graag…**
	ihk vihl khraakh…
a kilo/half-kilo of…	**een kilo/pond…**
	uhn kee • loa/pohnt…
a liter/half-liter of…	**een liter/halve liter…**
	uhn lee • tuhr/hahl • fuh lee • tuhr…
a piece of…	**een stukje…**
	uhn stuhk • yuh…
a slice of…	**een plakje…**
	uhn plahk • yuh…
More/Less than that.	**Meer/Minder dan dat.**
	mayr/mihn • duhr dahn daht
How much?	**Hoeveel kost het?**
	hoo • fayl kohst heht
Where do I pay?	**Waar moet ik betalen?**
	vaar moot ihk buh • taa • luhn
Can I have a bag?	**Mag ik een tas?**
	mahkh ihk uhn tahs
I'm being helped.	**Ik word al geholpen.**
	ihk vohrt ahl khuh • hohl • puhn

For Money, see page 28.

Measurements in Europe are metric — and that
applies to the weight of food too. If you tend to think in
pounds and ounces, it's worth brushing up on what the
metric equivalent is before you go shopping for fruit and veg
in markets and supermarkets. Five hundred grams, or half a
kilo, is a common quantity to order, and that converts to just
over a pound (17.65 ounces, to be precise).

YOU MAY HEAR...

Kan ik u helpen?
kahn ihk ew hehl•puhn

Can I help you?

Wat mag het zijn?
vaht mahkh heht zien

What would you
like?

Anders nog iets?
ahn•duhrs nokh eets

Anything else?

Het kost...euro.
heht kohst...u•roa

That's...euros.

YOU MAY SEE...

NA OPENEN HOUDBAAR TOT...	best if used by...
CALORIEËN	calories
VETVRIJ	fat free
GEKOELD BEWAREN	keep refrigerated
KAN SPOREN VAN... BEVATTEN	may contain traces of...
GESCHIKT VOOR DE MAGNETRON	microwaveable
UITERSTE VERKOOPDATUM...	sell by...
GESCHIKT VOOR VEGETARIËRS	suitable for vegetarians

IN THE KITCHEN

bottle opener **flesopener**
flehs • oa • puh • nuhr

bowls **kommen**
koh • muhn

can opener **blikopener**
blihk • oa • puh • nuhr

corkscrew **kurkentrekker**
kuhr • kuhn • treh • kuhr

cups **kopjes**
kohp • yuhs

forks **vorken**
fohr • kuhn

frying pan **koekenpan**
koo • kuhn • pahn

glasses **glazen**
khlaa • zuhn

knives **messen**
meh • suhn

measuring cup/ spoon	**maatbeker/maatlepel**	
	maat • bay • kuhr/_maat_ • lay • puhl	
napkins	**servetten**	
	sehr • _feh_ • tuhn	
plates	**borden**	
	bohr • duhn	
pot	**pot**	
	poht	
saucepan	**steelpan**	
	stayl • pahn	
spatula	**spatel**	
	spaa • tuhl	
spoons	**lepels**	
	lay • puhls	

For Domestic Items, see page 77.

DRINKS

NEED TO KNOW

May I see the wine list/drink menu?	**Mag ik de wijnkaart/drankkaart zien?**
	mahkh ihk duh <u>vien</u> • kaart/ <u>drahnk</u> • kaart zeen
What do you recommend?	**Wat kunt u aanbevelen?**
	vaht kuhnt ew <u>aan</u> • buh • fay • luhn
I'd like a bottle/glass of red/white wine.	**Ik wil graag een fles/glas rode/witte wijn.**
	ihk vihl khraakh uhn flehs/khlahs <u>roa</u> • duh/<u>vih</u> • tuh vien
The house wine, please.	**Mag ik de huiswijn?**
	mahkh ihk duh <u>haws</u> • vien
Another bottle/ glass, please.	**Nog een fles/glas, alstublieft.**
	nohkh uhn flehs/khlahs ahls • tew • <u>bleeft</u>
I'd like a local beer.	**Ik wil graag een lokaal biertje.**
	ihk vihl khraakh uhn loa • <u>kaal beer</u> • tyuh
Can I buy you a drink?	**Wilt u iets van me drinken?**
	vihlt ew eets fahn muh <u>drihng</u> • kuhn
Cheers!	**Proost!**
	proast
A coffee/tea, please.	**Een koffie/thee, alstublieft.**
	uhn <u>koh</u> • fee/tay ahls • tew • <u>bleeft</u>
With/Without milk.	**Met/Zonder melk.**
	meht/<u>zohn</u> • duhr mehlk

With sugar.	**Met suiker.**
	meht <u>zaw</u> • kuhr
With artificial sweetener.	**Met zoetjes.**
	meht <u>zoo</u> • tyuhs
..., please.	**..., alstublieft.**
	...ahls • tew • <u>bleeft</u>
Juice	**Een vruchtensap**
	uhn <u>fruhkh</u> • tuhn • sahp
Soda [soft drink]	**Een frisdrank**
	uhn <u>frlhs</u> • drahngk
(Sparkling/Still)	**(Koolzuurhoudend/Koolzuurvrij)**
Water	**Water**
	(<u>koal</u> • zewr • <u>how</u> • duhnt/
	<u>koal</u> • zewr • <u>frie</u>) vaa • tuhr

NON-ALCOHOLIC DRINKS

appelsap	apple juice
ah • puhl • sahp	
cola	cola
koa • laa	
chocomel	chocolate milk
shoa • koa • mehl	
frisdrank	soda
frlhs • drahngk	
grapefruitsap	grapefruit juice
grayp • froot	
koffie	coffee
koh • fee	
limonade	lemonade
lee • moa • naa • duh	
mineraalwater	mineral water
mee • nuh • raal • vaa • tuhr	

sinaasappelsap	orange juice
see • naas • ah • puhl	
thee	tea
tay	
warme chocolademelk	hot chocolate
vahr • muh shoa • koa • laa • duh • mehlk	

(i)

Een kopje koffie met gebak (a mid-morning coffee, accompanied by a pastry), is somewhat of a Dutch ritual. Coffee is usually brewed strong and may be drunk black, with a little **koffiemelk** (condensed milk) or **slagroom** (whipped cream).
Tea is brewed weak and is usually drunk without milk, sometimes **met citroen** (with lemon). **Kruidenthee** (herb tea), such as mint tea, and English tea are also popular.

YOU MAY HEAR...

Mag ik u een drankje aanbieden?
mahkh ihk ew uhn drangk • yuh aan • bee • duhn
Can I get you a drink?

Met melk/suiker?
meht mehlk/zaw • kuhr
With milk/sugar?

Koolzuurhoudend/Koolzuurvrij water?
koal • zewr • how • duhnt/koal • zewr • frie vaa • tuhr
Sparkling/still water?

APERITIFS, COCKTAILS & LIQUEURS

advocaat
aht • foa • kaat
famous Dutch egg liqueur

brandewijn
brahn • duh • vien
Dutch brandy

cognac
kohn • yahk
brandy

gin-tonic
zhihn • toh • nihk
gin and tonic

jenever
yuh • nay • vuhr
Dutch gin

oranjebitter
oa • rahn • yuh • bih • tuhr
slightly bitter liqueur

whisky
vihs • kee
whisky

wodka
vohd • kaa
vodka

BEER

bier/pils
beer/pihls
beer/lager

donker bier
dohng • kuhr beer
dark beer

flessenbier
fleh • suhn • beer
bottled beer

getapt bier
khuh • tahpt beer
draft [draught] beer

licht bier
likht beer
light beer

oud bruin
owt brawn
'old brown': a dark, slightly sweet stout

The Dutch are internationally famous for **pilsener** or **pils** (lager) beer. Brands like Amstel™, Heineken™ and Grolsch™ are sold around the world. In the Netherlands, beer might even be drunk as **aperitief** (an aperitif) or instead of a **borrel** (this is usually **jenever**, the Dutch equivalent of gin). In fact, a good beer is often more deeply appreciated than a good wine.

WINE

droge
droa • khuh
dry

huiswijn
haws • vien
house wine

mousserende
moo • _say_ • run • duh
sparkling

rode
roa • duh
red

rosé
roa • say
blush [rosé]

wijn
vien
wine

witte _vih_ • tuh	white
zoete _zoo_ • tuh	sweet
dessert wijn deh • _seh_ wien	dessert wine

ON THE MENU

aalbes _aal_ • behs	red currant
aardappel _aar_ • dah • puhl	potato
aardappelpuree _aar_ • dah • puhl • pew • _ray_	mashed potato
aardappelsalade _aar_ • dah • puhl • saa • _laa_ • duh	potato salad
aardappelsoep _aar_ • dah • puhl • _soop_	potato soup
aardbei _aart_ • bie	strawberry
abrikoos aa • bree • _koas_	apricot
advocaat aht • foa • _kaat_	egg liqueur
amandel ah • _mahn_ • duhl	almond
amandelgebak ah • _mahn_ • duhl • khuh • _bahk_	almond tart
Amsterdamse ui ahm • stuhr • _dahm_ • suh aw	pickled onion
ananas _ah_ • naa • nahs	pineapple

andijvie
ahn • die • vee
endive

andijviesla
ahn • die • vee • slaa
endive salad

anijs
aa • nies
aniseed

anijslikeur
aa • nies • lee • kur
aniseed liqueur

anijsmelk
aa • nies • mehlk
aniseed milk

ansjovis
ahn • shoa • fihs
anchovies

aperitief
aa • puh • ree • teef
aperitif

appel
ah • puhl
apple

appelbol
ah • puhl • bohl
apple dumpling

appelflap
ah • puhl • flahp
apple turnover

appelmoes
ah • puhl • moos
apple sauce

appeltaart
ah • puhl • taart
apple pie or tart

artisjok
ahr • tee • shohk
artichoke

asperge
ahs • pehr • zhuh
asparagus

aspergesoep
ahs • pehr • zhuh • soop
asparagus soup

aubergine
oa • behr • zhee • nuh
eggplant [aubergine]

augurk
ow • khuhrk
gherkin

avocado
aa • voa • <u>kaa</u> • doa

avocado

baars
baars

bass, perch

babyinktvis
<u>bay</u> • bee • <u>ihngkt</u> • fihs

baby squid

babyoctopus
<u>bay</u> • bee • ohk • toa • puhs

baby octopus

baguette
<u>baa</u> • geht

French bread

bami
<u>baa</u> • mee

Chinese or
Indonesian noodles

bami goreng
<u>baa</u> • mee <u>khoa</u> • rehng

fried Chinese or
Indonesian noodles

banaan
baa • <u>naan</u>

banana

banketletter
bahn • <u>keht</u> • leh • tuhr

pastry in letter shape
with almond filling

basilicum
<u>baa</u> • see • lee • kuhm

basil

bataat
<u>baa</u> • taat

sweet potato

bavarois
<u>baa</u> • vaar • vah

Bavarian cream

beignet
<u>behn</u> • yay

fritter

beschuit
buh • <u>skawt</u>

Dutch toast

bes
<u>behs</u>

berry

biefstuk
<u>beef</u> • stuhk

pan-fried steak

biefstuk van de haas
<u>beef</u> • stuhk fahn duh haas

porterhouse steak

bier beer
beer

bieslook chives
bees • loak

bietje beet [beetroot]
beet • yuh

biscuit biscuit
bihs • kvee

bitterbal breaded meatball
bih • tuhr • bahl

bladerdeeg puff pastry
blaa • duhr • daykh

blauwe druif red grape
blow • uh drawf

bleekselderij celery
blayk • sehl • duh • rie

blikgroente canned vegetable
blihk • khroon • tuh

blinde vink beef or veal meat roll
blihn • duh fihnk

bloedworst black pudding
bloot • wohrst

bloem flour
bloom

bloemkool cauliflower
bloom • koal

boerenjongens brandy with raisins
boo • ruhn • yohng • uhns

boerenkool kale
boo • ruhn • koal

boerenmeisjes brandy with apricots
boo • ruhn • mies • yuhs

boerenomelet omelet with
boo • ruhn • oh • muh • leht potatoes, vegetables
and bacon

bonen
boa • nuhn   beans

borrel   aperitif
boh • ruhl

borreltje   alcoholic drink
boh • ruhl • tyuh

borst   breast
bohrst

bosbes   blueberry
bohs • behs

boter   butter
boa • tuhr

boterbabbelaar   butterscotch
boa • tuhr • bah • buh • laar

boterboon   butter bean
boa • tuhr • boan

boterkoek   butter cookie
boa • tuhr • kook   [biscuit]

bouillon   broth
boo • yohn

bourbon   bourbon
bur • buhn

bout   leg (cut of meat)
bowt

bowl   punch
boal

braadstuk   roast
braat • stuhk

braam   blackberry
braam

brandewijn   brandy
brahn • duh • vien

brasem   bream
braa • suhm

brood
broat
bread

broodje
broat • yuh
bun, roll

broodkruimels
broat • kraw • muhls
breadcrumbs

bruine boon
braw • nuh boan
brown bean

bruinebonensoep
braw • nuh • boa • nuhn • soop
brown bean soup

caffeïnevrij
kaa • fay • ee • nuh • frie
decaffeinated

cake
kayk
cake, sponge cake

caramelpudding
kaa • raa • mehl • puh • dihng
caramel pudding

champignon
shahm • pee • yohn
mushroom

cantharel
kahn • tah • rehl
chanterelle
mushroom

cantharellensoep
kahn • tah • reh • luhn • soop
chanterelle
mushroom soup

chipolatapudding
shee • poa • laa • taa • puh • dihng
pudding of eggs,
cookies
[biscuits] and liqueur

chocolade
shoa • koa • laa • duh
chocolate

chocomel
shoa • koa • mehl
chocolate milk

citroen
see • troon
lemon

citroengras
see • troon • khrahs
lemongrass

citroensap
see • troon • sahp
lemon juice

cognac	brandy
kohn • yahk	
consommé	consommé
kohn • soh • may	
cornflakes	cereal
kohrn • flayks	
courgette	zucchini [courgette]
koor • zheht	
dadels	dates
daa • duhls	
dagschotel	dish of the day
dahkh • skhoa • tuhl	
dessert/toetje	dessert
deh • sehrt/toot • yuh	
dessertwijn	dessert wine
deh • sehrt • vien	
dille	dill
dih • luh	
diner/avondeten	dinner
dee • nay/aa • fohnt • ay • tuhn	
donut	doughnut
doa • nuht	
dooier	egg yolk
doa • yuhr	
doperwt	garden pea
dohp • ehrt	
dragon	tarragon
draa • khohn	
drilpudding	jelly
drihl • puh • dihng	
druif	grape
drawf	
duif	pigeon
dawf	

Edammer kaas
ay • dah • muhr kaas
Edam cheese

eekhoorntjesbrood
ayk • hoarn • tyuhs • broat
porcini mushroom

eend
aynt
duck

eidooier
ie • doa • yuhr
egg yolk

eieren
ie • yuh • ruhn
eggs

eiergerecht
ie • yuhr • khuh • rehkht
egg dish

eigengemaakt
ie • khuhn • khuh • maakt
homemade

eiwit
ie • wiht
egg white

entrecote
ahn • truh • coat
sirloin steak

erwt
ehrt
pea

erwtensoep
ehr • tuhn • soop
pea soup

fazant
faa • zahnt
pheasant

filet
fee • lay
fillet

flensje
flehns • yuh
thin, small pancake

flessenbier
fleh • suhn • beer
bottled beer

foelie
foo • lee
mace (spice)

forel
foa • rehl
trout

framboos
frahm • boas
raspberry

fricandeau
free • kahn • doa
meat with sauce

Friese nagelkaas
free • suh naa • khuhl • kaas
cheese with cloves

frisdrank
frihs • drahngk
soda

gadogado
khaa • doa • khaa • doa
Indonesian mixture of vegetables, cucumber and tofu

gans
khahns
goose

garnaal
khahr • naal
shrimp [prawn]

garnering
khar • nay • rihng
garnish, trimming

gebak
khuh • bahk
pastry

gebakken kip
khuh • bah • kuhn kihp
fried chicken

gebonden soep
khuh • bohn • duhn
cream soup

gedroogde dadels
khuh • droakh • duh daa • duhls
dried dates

gedroogde pruimen
khuh • droakh • duh praw • muhn
dried prunes

gedroogde vijgen
khuh • droakh • duh fiekhuhn
dried figs

gegrilde kip
khuh • khrihl • duh kihp
grilled chicken

gehakt
khuh • hahkt
ground meat [mincemeat]

gehaktbal
khuh • hahkt • bahl
meatball

geit
khiet
goat

geitenkaas
khie • tuhn • kaas
goat cheese

gekonfijte vrucht
khuh • koh n • fie • tuh fruhkht
candied fruit

gekookt eitje
khuh • koakt ie • tyuh
boiled egg

gekookte aardappel
khuh • koak • tuh aar • dah • puhl
boiled potato

gele spercieboon
khay • luh spehr • see • boan
butter bean

gember
khehm • buhr
ginger

gemengde grill
khuh • mehng • duh khrihl
mixed grill

gemengde groenten
khuh • mehng • duh khroon • tuhn
mixed vegetables

gemengde kruiden
khuh • mehng • duh kraw • duhn
mixed herbs

gemengde noten
khuh • mehng • duh noa • tuhn
assorted nuts

gemengde salade
khuh • mehng • duh saa • laa • duh
mixed salad

gerookte paling
khuh • roak • tuh paa • lihng
smoked eel

gerookte zalm
khuh • roak • tuh zahlm
smoked salmon

geroosterd brood
khuh • roas • tuhrt broat
toast

geroosterde aardappel
khuh • roas • tuhr • duh aar • dah • puhl
roast potato

geroosterde kip
khuh • roas • tuhr • duh kihp
roast chicken

gestoofd fruit
khuh • stoaft frawt

stewed fruit

gestoomde vis
khuh • stoam • duh fihs

steamed fish

getapt bier
khuh • tahpt beer

draft [draught] beer

gevogelte
khuh • foa • khuhl • tuh

fowl

gevulde olijf
khuh • fuhl • duh oa • lief

stuffed olive

gezouten pinda
khuh • zow • tuhn pihn • dah

salted peanut

gin-tonic
zhihn • toh • nihk

gin and tonic

goulash
khoo • lahsh

goulash

grapefruit
krayp • froot

grapefruit

granaatappel
khraa • naat • ah • puhl

pomegranate

griesmeelpudding
khrees • mayl • puh • dihng

semolina pudding

groene erwt
khroo • nuh ehrt

green pea

groene paprika
khroo • nuh paa • pree • kaa

green pepper

groene salade
khroo • nuh saa • laa • duh

green salad

groentebouillon
khroon • tuh • boo • yohn

vegetable broth

groente
khroon • tuh

vegetable

groentesoep
khroon • tuh • soop

vegetable soup

Goudse kaas   Gouda cheese
khowt • suh kaas

guave   guava
kwaa • fuh

Haagse bluf   dessert of whipped
haakh • suh bluhf   egg white with red
currant sauce

haas   hare
haas

hachee   meat stew
hah • shay

hamlap   pork steak
hahm • lahp

hapje   snack
hahp • yuh

hapjes vooraf   appetizers
hahp • yuhs foar • ahf

hardgekookt   hard-boiled (egg)
hahrt • khuh • koakt

harder   gray mullet
hahr • duhr

haring   herring
haa • rihng

haringsalade   salad of salted or
haa • rihng • saa • laa • duh   marinated herring

havermoutpap   porridge
haa • fuhr • mowt • pahp

hazelnoten   hazelnuts
haa • zuhl • noa • tuhn

heek   hake
hayk

heet water   hot water
hayt vaa • tuhr

heilbot   halibut
hiel • boht

heldere soep *hehl • duh • ruh soop*	broth
hete bliksem *hay • tuh blihk • suhm*	dish of potatoes, bacon & apple
hete pepersaus *hay • tuh pay • purh • sows*	hot pepper sauce
Hollandse biefstuk *hoh • lahnt • suh beef • stuhk*	Dutch steak
honing *hoa • nihng*	honey
hoorntje *hoarn • tyuh*	cream horn (dessert)
hopjes *hohp • yuhs*	coffee-flavored toffee
huiswijn *haws • vien*	house wine
hutspot *huhts • poht*	stew made of mashed potatoes with carrots and onions or with curly kale
hutspot met klapstuk *huhts • poht meht klahp • stuhk*	mashed potatoes, carrots and onions served with rib of beef
huzarensalade *hew • zaa • ruhn • saa • laa • duh*	mixture of potato, raw vegetables and meat with mayonnaise
ijs *ies*	ice
in beslag gebakken *ihn buh • slahkh khuh • bah • kuhn*	fried in batter
in de pan gebakken vis *ihn duh pahn khuh • bah • kuhn fihs*	fried fish
in knoflook *ihn knohf • loak*	in garlic

in olie	in oil
ihn oa • lee	
in de oven gebakken vis	baked fish
ihn duh oa • fuhn khuh • bah • kuhn fihs	
inktvis	squid
ihnkt • fihs	
inwendige organen	giblets
ihn • wehn • dih • khuh ohr • khaa • nuhn	
jachtschotel	meat casserole with
yahkht • skhoa • tuhl	potatoes
jam	jam
zhehm	
jenever	gin
yuh • nay • vuhr	
jeneverbes	juniper berry
yuh • nay • vuhr • behs	
jong geitenvlees	young goat
yohng khie • tuhn • flays	
jonge eend	duckling
yohng • uh aynt	
jus	gravy
zhew	
kaas	cheese
kaas	

kaasplank	cheese board
kaas • plahnk	
kabeljauw	cod
kaa • buhl • yow	
kalfskarbonade	veal chop
kahlfs • kahr • boa • naa • duh	
kalfsoester	veal escalope
kahlfs • oos • tuhr	
kalfsvlees	veal
kahlfs • flays	
kalfszwezerik	sweetbread
kahlfs • zvay • zuh • rihk	
kalkoen	turkey
kahl • koon	
kammossel	scallop
kahm • moh • suhl	
kaneel	cinnamon
kaa • nayl	
kappertje	caper
kah • puhr • tyuh	
karbonade	chop
karh • boa • naa • duh	
karnemelk	buttermilk
kahr • nuh • mehlk	
karwij	caraway
kahr • wie	
kastanje	chestnut
kahs • tahn • yus	
katenspek	smoked bacon
kaa • tuhn • spehk	
kaviaar	caviar
kaa • vee • yaar	
kers	cherry
kehrs	

kerstomaat
kehrs • toa • maat

cherry tomato

kervel
kehr • fuhl

chervil

kidneyboon
kiht • nee • boan

kidney bean

kikkererwt
kih • kuhr • ehrt

chickpea

kip
kihp

chicken

kippenborst
kih • puhn • bohrst

breast of chicken

kippenlever
kih • puhn • lay • fuhr

chicken liver

kippensoep
kih • puhn • soop

chicken soup

kiwi
kee • vee

kiwi

klapstuk
klahp • stuhk

beef rib

kluif
klawf

pig's knuckle

knakworst
knahk • vohrst

wiener

knoedel
knoo • duhl

dumpling

knoflook
knohf • loak

garlic

knoflook mayonaise
knohf • loak • maa • yoh • neh • suh

garlic mayonnaise

knoflooksaus
knohf • loak • sows

garlic sauce

knolselderij
knohl • sehl • duh • rie

celery [celeriac]

koekje
kook • yuh
cookie [biscuit]

koffie
kohf • fee
coffee

kokos
koa • kohs
coconut

kokosmakroon
koa • kohs • maa • kroan
coconut macaroon

komijn
koa • mien
cumin

komijnekaas
koa • mie • nuh • kaas
cheese with cumin seeds

komkommer
kohm • kohm • muhr
cucumber

komkommersalade
kohm • kohm • muhr • saa • laa • duh
cucumber salad

konijn
koa • nien
rabbit

koninginnensoep
koa • nihng • ihn • uhn • soop
cream of chicken

kool
koal
cabbage

koolrabi
koal • raa • bee
kohlrabi

koolsla
koal • slaa
coleslaw

koolzuurhoudend (water)
koal • zewr • how • duhnt (vaa • tuhr)
sparkling (water)

koolzuurvrij (water)
koal • zewr • frie (vaa • tuhr)
still (water)

koriander
koh • ree • ahn • duhr
cilantro [coriander]

korstdeeg
kohrst • daykh
puff pastry

kort gebakken
kohrt khuh • bah • kuhn

rare

kotelet
koa • tuh • leht

chop, cutlet

krab
krap

crab

kreeft
krayft

lobster

krentenbol
krehn • tuhn • bohl

currant bun

krentenbrood
krehn • tuhn • broat

currant bread

kroepoek
kroo • pook

shrimp [prawn]
crackers

kroket
kroa • keht

croquettes

kropsla
krohp • slaa

cabbage lettuce

kruiden
kraw • duhn

herbs

kruidnagel
krawt • naa • khuhl

clove

kruisbes
kraws • behs

gooseberry

kwarktaart
kvahrk • taart

light cheesecake

kwartelvlees
kvahr • tuhl • flays

quail

kweegelei
kvay • zhuh • lei

quince jelly

kwets
kvehts

blue plum

lamsbout
lahms • bowt

leg of lamb

lamsstoofschotel
lahms • stoaf • skhoa • tuhl
lamb stew

lamsvlees
lahms • flays
lamb

lamszadel
lahms • zaa • duhl
saddle (lamb)

laurlerblad
low • reer • blaht
bay leaf

lekkerbekje
leh • kuhr • behk • yuh
breaded fillet of haddock

lendebiefstuk
lehn • duh • beef • stuhk
fillet, rump steak

lendevlees
lehn • duh • flays
loin meat

lente-uitje
lehn • tuh • aw • tyuh
spring onion

lever
lay • fuhr
liver

likeur
lee • kur
liqueur

limoen
lee • moon
lime

limoensap
lee • moon • sahp
lime juice

limonade
lee • moa • naa • duh
lemonade

limonadesiroop
lee • moa • naa • duh • see • roap
fruit drink concentrate of various flavors

linze
lihn • zuh
lentil

loempia
loom • pee • yaa
spring roll

lofsalade
lohf • sah • laa • duh
salad of raw chicory rings

lopend buffet
loa • puhnt bew • feht
buffet

maïs
mah • ees
sweet corn

makreel
maa • krayl
mackerel

mandarijn
mahn • daa • rien
tangerine

marmelade
mahr • muh • laa • duh
marmalade

marsepein
mahr • suh • pien
marzipan

mayonaise
maa • yoh • neh • suh
mayonnaise

melk
mehlk
milk

meloen
muh • loon
melon

metworst
meht • vohrst
spicy sausage

mie
mee
noodles

mierikswortel
mee • rihks • wohr • tuhl
horseradish

milkshake
mihlk • shayk
milk shake

mineraalwater
mee • nuh • raal • vaa • tuhr
mineral water

moerbei
moor • bie
mulberry

moorkop
mohr • kohp
chocolate éclair

mossel
moh • suhl
mussel

mosterd
mohs • tuhrt

mustard

mousserende wijn
moo • say • ruhn • duh vien

sparkling wine

mul
muhl

red mullet

munt
muhnt

mint

muntthee
muhnt • tay

mint tea

nasi goreng
naa • see khoa • rehng

Indonesian fried rice
with spices, meat
and egg

nectarine
nehk • taa • ree • nuh

nectarine

niertjes
neer • tyuhs

kidneys

nieuwe haring
neeew • vuh haa • rihng

freshly caught,
salt-cured herring

noga
noa • gaa

nougat

nootmuskaat
noat • muhs • kaat

nutmeg

octopus
ohk • toa • puhs

octopus

oester
oos • tuhr

oyster

oesterzwam
oos • tuhr • zwahm

oyster mushroom

olie en azijn
oa • lee ehn aa • zien

oil and vinegar

olijf
oa • lief

olive

omelet
oh • muh • leht

omelet

ossenhaas   tenderloin (beef)
oh • suhn • haas

ossenstaartsoep   oxtail soup
oh • suhn • staart • soop

oude kaas   hard cheese
ow • duh kaas

paddenstoel   field mushroom
pah • duhn • stool

paling   eel
paa • lihng

pannenkoek   pancake
pah • nuhn • kook

paprika   (sweet) pepper
paa • pree • kaa

parelhoen   guinea fowl
paa • ruhl • hoon

passievrucht   passion fruit
pah • see • fruhkht

pasta   pasta
pahs • taa

pastei   pie
pahs • tie

pasteideeg   pastry
pahs • tie • daykh

pasteitje (vol-au-vent)   pastry filled with
pahs • tie • tyuh (fohl • oa • fahn)   meat or fish

pastinaak   parsnips
pahs • tee • naak

patat   French fries [chips]
paa • taht

paté   paté
paa • tay

patrijs   partridge
paa • tries

peer	pear
payr	
pekelvlees	sliced, salted meat
pay • kuhl • flays	
pens	tripe
pehns	
peper	black pepper
pay • puhr	
pepernoten	gingerbread nuts
pay • puhr • noa • tuhn	
perzik	peach
pehr • zihk	
peterselie	parsley
pay • tuhr • say • lee	
peultjes	sugar peas
pul • tyuhs	
piepkuiken	spring chicken
peep • kaw • kuhn	
pikant	hot (spicy)
pee • kahnt	
pikant worstje	spicy sausage
pee • kahnt vohrst • yuh	
pils	lager
pihls	
pinda	peanut
pihn • daa	
pindasaus	peanut sauce
pihn • daa • sows	
pitabroodje	pita bread
pee • taa • broat • yuh	
plaatselijke specialiteit	local speciality
plaats • uh • luh • kuh spay • shaa • lee • tiet	
poffertje	tiny pancake
poh • fuhr • tyuh	

pompoen
pohm • poon

pumpkin

portie
pohr • see

portion

prei
prie

leek

prinsessenboon
prihn • seh • suhn • boan

haricot bean

pruim
prawm

plum

raap
raap

turnip

rabarber
raa • bahr • buhr

rhubarb

radijs
raa • dies

radish

rammenas
rah • muh • nahs

winter radish

rauw
row

raw

reebout
ray • bowt

venison

ribstuk
rihp • stuhk

rib

rijst
riest

rice

rijstebrij
ries • tuh • brie

rice pudding

risotto
ree • soh • toa

risotto

rivierkreeft
ree • feer • krayft

crayfish

rode kool
roa • duh koal

red cabbage

rode paprika	sweet red pepper
roa • duh paa • pree • kaa	
rode peper	chili pepper
roa • duh pay • puhr	
roerei	scrambled egg
roor • ie	
rog	ray
rohkh	
roggebrood	rye bread
roh • khuh • broat	
rollade	meat roll
roh • laa • duh	
romig	creamy
roa • mihkh	
rookvlees	smoked or smoke-
roak • flays	dried beef
room	cream
roam	
roomijs	ice cream
roam • ies	
roomsoep	cream soup
roam • soop	
rosbief	roast beef
rohs • beef	
rozemarijn	rosemary
roa • zuh • maa • rijn	
rozijn	raisin
roa • zien	
rum	rum
ruhm	
rundvlees	beef
ruhnt • flays	

Russisch ei
ruh • sees ie — hard-boiled egg filled with mayonnaise, garnished with fish and salad

saffraan
sah • fraan — saffron

sajur lodeh
saa • yoor loa • deh — Indonesian vegetable dish

salade
saa • laa • duh — salad

salie
saa • lee — sage

sandwich
sehnt • wihtsh — sandwich

sap
sahp — juice

sardientje
sahr • deen • tyuh — sardine

saté
saa • tay — meat on skewers

saucijzenbroodje
sow • sie • zuhn • broat • yuh — sausage roll

saucijs
sow • sies — sausage

saus
sows — sauce

savooiekool
saa • voa • yuh • koal — savoy cabbage

schaaldieren
skhaal • dee • ruhn — shellfish

schapenkaas
skhaa • puhn • kaas — ewe's milk cheese

schapenvlees
skhaa • puhn • flays — mutton

schelpdier
skhehlp • deer
shellfish, clam

schelvis
skhehl • fihs
haddock

schenkel
skhehn • kuhl
shank (top of leg)

schimmelkaas
skhih • muhl • kaas
blue cheese

schnitzel
shniht • zuhl
veal or pork cutlet

schol
skhohl
plaice

schuimgebakje
skhawm • khuh • bahk • yuh
meringue

selderij
sehl • duh • rie
celery

sinaasappel
see • naas • ah • puhl
orange

sinaasappelsap
see • naas • ah • puhl • sahp
orange juice

siroop
see • roap
syrup

sjalotten
shaa • loh • tuhn
shallots

sla
slaa
lettuce

slagroom
slakh • roam
sweet whipped cream

slak
slahk
snail

slasaus
slaa • sows
salad dressing

snijbonen
snie • boa • nuhn
sliced green beans

snoepje _snoop_ • yuh	candy [sweet]
soep soop	soup
soesje _soos_ • yuh	pastry filled with whipped cream
specerijen spay • suh • _rie_ • yuhn	spices
specialiteiten van de chef-kok spay • shaa • lee • _tie_ • tuhn fahn duh _shehf_ • kohk	specialities of the house
speculaas _spay_ • kew • laas	spiced cookie [biscuit]
speenvarken _spayn_ • fahr • kuhn	suckling pig
spek spehk	bacon
spekpannenkoek _spehk_ • pah • nuhn • kook	bacon pancake
sperzieboon _spehr_ • see • boan	green bean
spiegelei _spee_ • khuhl • ie	fried egg

spijkerrog   skate (fish)
spie • kuhr • rohkh

spinazie   spinach
spee • naa • zee

spitskool   type of cabbage
spihts • koal

sprits   Dutch shortbread
sprihts

sprot   sprat (fish)
sproht

spruitje   Brussel sprout
spraw • tyuh

stamppot   one-pan dish with
stahm • poht   vegetables and
                                        mashed potatoes

sterk   strong (flavor)
stehrk

stervrucht   star fruit
stehr • fruhkht

stokbrood   French-style bread
stohk • broat

stokvisschotel   oven stew of dried
stohk • fihs • skhoa • tuhl   cod

stoofschotel   casserole, stew
stoaf • skhoa • tuhl

stroop   molasses
stroap

stroopwafel   two waffles with
stroap • vaa • fuhl   syrup in between
                                        them

suiker   sugar
saw • kuhr

suikerglazuur   icing
saw • kuhr • khlaa • zewr

sultanarozijn   sultana raisin
suhl • taa • naa • roa • zien

taart   tart
taart

taartje   tartlette
taart • yuh

tafelwijn   table wine
taa • fuhl • vien

tafelzuur   pickle
taa • fuhl • zewr

tahoe/tofoe   tofu
taa • hoo/toa • few

tarbot   turbot
tahr • boa

tartaartje   ground steak
tahr • taar • tyuh

taugé   bean sprouts
tow • gay

thee   tea
tay

tijm   thyme
tiem

toast   toast
toast

toeristenmenu   tourist menu
too • rihs • tuhn • muh • new

tomaat   tomato
toa • maat

tomatenketchup   ketchup
toa • maa • tuhn • keht • shuhp

tomatensaus   tomato sauce
toa • maa • tuhn • sows

tomatensoep   tomato soup
toa • maa • tuhn • soop

tompoes
tohm • poos

cake slice with custard filling

tong
tohng

tongue, sole

tonic
toh • nihk

tonic water

tonijn
toa • nien

tuna

tosti
tohs • tee

toasted sandwich

tournedos
toor • nay • dohs

fillet steak

truffel
truh • fuhl

truffle

tuinboon
tawn • boan

broad bean

tuinkers
tawn • kehrs

cress

tulband
tuhl • bahnd

turban-shaped fruit cake

ui
aw

onion

uiensoep
aw • yuhn • soop

onion soup

uitsmijter
awt • smie • tuhr

snack of bread, ham and fried eggs

vanille
vaa • nee • yuh

vanilla

varkenshaas
fahr • kuhns • haas

tenderloin (pork)

varkenskotelet
fahr • kuhns • koa • tuh • leht

pork chop

varkenspootjes
fahr • kuhns • poat • yuhs

pigs' feet

varkensvlees pork
fahr • kuhns • flays

varkensworstje pork sausage
fahr • kuhns • vohrst • yuh

veenbes cranberry
fayn • behs

venkel fennel
fehn • kuhl

vermicellisoep clear noodle soup
fehr • mee • seh • lee • soop

vermout vermouth
fuhr • mowt

vers fruit fresh fruit
fehrs frawt

verse kwark fresh-curd cheese
fehr • suh kvahrk

vijg fig
fiekh

vinaigrette vinaigrette
fih • nuh • kreht

vis fish
fihs

vispastei chopped fish in a
fihs • pahs • tie pastry shell

vissoep fish soup
fihs • soop

visstick fish stick
fihs • stihk

vla custard
flaa

vlees meat (general)
flays

vleesbouillon meat broth
flays • boo • yohn

vleespastei
flays • pahs • tie

chopped meat in a pastry shell

volkorenmeel
fohl • koa • ruhn • mayl

wholewheat flour

voorn
foarn

rock-bass (fish)

vruchtendrank
fruhkh • tuhn • drahngk

fruit drink

vruchtensap
fruhkh • tuhn • sahp

fruit juice

vruchtenvlaai
fruhkh • tuhn • flaai

Limburg fruit flan

wafel
vaa • fuhl

waffle

walnoot
vahl • noat

walnut

warme chocolademelk
vahr • muh shoa • koa • laa • duh • mehlk

hot chocolate

waterkastanje
vaa • tuhr • kahs • tahn • yuh

water chestnut

waterkers
vaa • tuhr • kehrs

watercress

watermeloen
vaa • tuhr • muh • loon

watermelon

wentelteefje
vehn • tuhl • tayf • yuh

French toast

wienerschnitzel
vee • nuhr shniht • suhl

breaded veal slices

wijn
vien

wine

wijting
vie • tihng

whiting

wild
vihlt

game

wild zwijn	wild boar
vihlt zvien	
wilde eend	wild duck
vihl • duh aynt	
witlof	chicory
viht • lohf	
witlofsalade	chicory salad
viht • lohf • saa • laa • duh	
witte asperge (met saus)	white asparagus
vih • tuh ah • spehr • zhuh (meht sows)	(with sauce)
witte bonen	haricot beans
vih • tuh boa • nuhn	
witte druif	green grape
vih • tuh drawf	
witte kool	white cabbage
vih • tuh koal	
witte saus	white sauce
vih • tuh sows	
wodka	vodka
vohd • kaa	
worstje	sausage
vohrst • yuh	
wortel	carrot
vohr • tuhls	
wortelsalade	raw grated carrot
vohr • tuhl • saa • laa • duh	
yoghurt	yogurt
yoh • khuhrt	
zacht gekookt	soft-boiled
zahkht khuh • koakt	
zachte kaas	soft cheese
zahkh • tuh kaas	
zalm	salmon
zahlm	

zandgebak
zahnd • _khuh_ • _bahk_
shortbread, shortcake

zeebaars
zay • _baars_
sea bass

zeebliek
zay • _bleek_
whitebait

zeebrasem
zay • _braa_ • _suhm_
sea bream

zeeduivel
zay • _daw_ • _fuhl_
monkfish

zeekat
zay • _kaht_
cuttlefish

zeepaling
zay • _paa_ • _lihng_
conger eel

zoetzure saus
zoot • _zew_ • _ruh sows_
sweet and sour sauce

zoetje
zoot • _yuh_
sweetener

zoetwatervis
zoot • _vaa_ • _tuhr_ • _fihs_
freshwater fish

zout
zowt
salt

zoutwatervis
zowt • _vaa_ • _tuhr_ • _fihs_
saltwater fish

zure bom
zew • _ruh bohm_
large gherkin

zure haring
zew • _ruh haa_ • _rihng_
pickled herring [rollmops]

zuring
zew • _rihng_
sorrel

zuurkool
zewr • _koal_
sauerkraut

zwaardvis
zvaart • _fihs_
swordfish

zwarte bes
zvahr • _tuh behs_
blackcurrant

GOING OUT

GOING OUT

NEED TO KNOW

What is there to do in the evenings?	**Wat is er 's avonds te doen?** *vaht ihs ehr saa • vohnts tuh doon*
Do you have a program of events?	**Heeft u een evenementenprogramma?** *hayft ew uhn ay • fuh • nuh • mehn • tuhn • proa • khrah • maa*
What's playing at the movies [cinema] tonight?	**Welke films draaien er vanavond?** *vehl • kuh fihlms draa • yuhn ehr fah • naa • fohnt*
Where's...?	**Waar is...?** *vaar ihs...*
the downtown area	**het stadscentrum** *heht staht • sehn • truhm*
the bar	**de bar** *duh bahr*
the dance club	**de discotheek** *duh dihs • koa • tayk*
Is there a cover charge?	**Moet ik entree betalen?** *moot ihk ahn • tray buh • taa • luhn*

The Netherlands has a strong tradition in the arts.
There are hundreds of museums to be explored, many
featuring work by famous Dutch artists such as Rembrandt,
Van Gogh and Vermeer, to name a few. Price of admission
varies, though some are free.

Amsterdam is home to the national opera, ballet and theater
companies, while The Hague and Rotterdam each have their
own resident orchestras and dance companies. Cultural,
musical and theater events are scheduled throughout the
year; check with the tourist information office to see what's
going on while you're in town.

ENTERTAINMENT

Can you recommend...?	**Kunt u...aanbevelen?** *kuhnt ew...aan • buh • fay • luhn*
a concert	**een concert** *uhn kohn • sehrt*
a movie [film]	**een film** *uhn film*
an opera	**een opera** *uhn oa • puh • raa*
a play	**een toneelstuk** *uhn toa • nayl • stuhk*
When does it start/end?	**Wanneer begint/eindigt het?** *vah • nayr buh • khihnt/ien • dihkht heht*
What's the dress code?	**Zijn er kledingvoorschriften?** *zien ehr klay • dihng • foar • skhrihf • tuhn*
I really like...	**Ik hou erg van...** *ihk how ehrkh fahn...*
classical music	**klassieke muziek** *klah • see • kuh mew • zeek*

224 • GOING OUT

folk music	**volksmuziek**
	fohlks • mew • zeek
jazz	**jazz**
	jehz
pop music	**popmuziek**
	pohp • mew • zeek
rap	**rap**
	rehp

For Tickets, see page 43.

(i)

There are a number of festivals scheduled throughout the year in the Netherlands, some with moveable dates. The local tourist information office, hotels and guidebooks offer extensive information about local as well as national celebrations.

The biggest Dutch celebration every year across the country by far is **Koningsdag** (King's Day). Celebrated on April 27th, when the weather in the Netherlands is mild, this giant open-air party features concerts and events, including the **vrijmarkt** (freemarket). **Koningsdag** is the one day of the year when anyone is allowed to sell anything tax-free.

YOU MAY HEAR...

Zet uw mobiele telefoon uit.
zeht ew moa • bee • luh tay • luh • foan awt
Turn off your cell [mobile] phones.

NIGHTLIFE

What is there to do in the evenings?	**Wat is er 's avonds te doen?**	
	vaht ihs ehr saa • vohnts tuh doon	
Can you recommend…?	**Kunt u…aanbevelen?**	
	kuhnt ew…aan • buh • fay • luhn	
a bar	**een bar**	
	uhn bahr	
a casino	**een casino**	
	uhn kaa • see • noa	
a club with Dutch music	**een club met Nederlandstalige muziek**	
	uhn klewp meht nay • dehr • lahnds • tah • lih • kheh mew • seek	
a dance club	**een discotheek**	
	uhn dihs • koa • tayk	
a gay club	**een homoclub**	
	uhn hoa • moa • club	
a jazz club	**een jazzclub**	
	uhn jehs • klewb	
a nightclub	**een nachtclub**	
	uhn nahkht • kluhp	
Is there live music?	**Is er livemuziek?**	
	ihs ehr laaif • mew • zeek	
How do I get there?	**Hoe kom ik er?**	
	hoo kohm ihk ehr	
Is there an admission charge?	**Moet ik entree betalen?**	
	moot ihk ahn • tray buh • taa • luhn	
Let's go dancing.	**Laten we gaan dansen.**	
	laa • tuhn vuh khaan dahn • suhn	
Is this area safe at night?	**Is dit gebied 's nachts veilig?**	
	ihs diht kheh • beet snahkhs fay • lihkh	

For The Dating Game, see page 226.

(i)

After dark, the Netherlands has a lot to offer depending on what you're in the mood for. In Amsterdam, the action is centered in three main areas. If you're looking for dance and night clubs, head to **Leidseplein**. For clubs, cabarets and strip shows, go to **Rembrandtplein**. The Red Light District is world-famous for offering a range of alternative activities.

For a low key evening, check out a 'brown' cafe (traditional Dutch bar), pub or bar. Amsterdam is home to about a thousand, so you can easily find one that fits your style.

ROMANCE

THE DATING GAME

Would you like to go out for coffee?	**Wil je ergens koffie gaan drinken?**
	vihl yuh ehr • khuhns koh • fee khaan drihng • kuhn
Would you like to go out...?	**Zou je samen iets willen...?**
	sow yeh saa • mehn eets vih • lehn khaan...
for a drink	**drinken**
	drihnk • ehn
to dinner	**eten**
	ay • tehn
What are your plans for...?	**Wat zijn je plannen voor...?**
	vaht zien yuh plah • nuhn foar...
today	**vandaag**
	fahn • daakh
tonight	**vanavond**
	fah • naa • fohnt

NEED TO KNOW

Would you like to go out for a drink/meal?	**Heb je zin om iets te gaan drinken/ uit eten te gaan?**
	hehp yuh zihn ohm eets tuh gaan drihn • kuhn/awt ay • tuhn tuh gaan
What are your plans for tonight/ tomorrow?	**Wat zijn je plannen voor vanavond/ morgen?**
	vaht zien yuh plah • nuhn foar fah • naa • fohnt/mohr • khuhn
Can I have your phone number?	**Mag ik je telefoonnummer?**
	mahkh ihk yuh tay • luh • foan • nuh • muhr
Can I join you?	**Mag ik bij je komen zitten?**
	mahkh ihk bie yuh koa • muhn zih • tuhn
Can I buy you a drink?	**Wil je iets van me drinken?**
	vihl yuh eets fahn muh drihng • kuhn
I like you.	**Ik mag je graag.**
	ihk mahkh yuh khraakh
I love you.	**Ik vind je leuk.**
	ihk fihnd yuh luk.

tomorrow	**morgen**
	mohr • khuhn
this weekend	**dit weekend**
	diht vee • kehnt
Where would you like to go?	**Waar wil je naartoe?**
	vaar vihl yuh naar too
I'd like to go to…	**Ik wil graag naar…**
	ihk vihl khraakh naar…
Do you like…?	**Hou je van…?**
	how yuh fahn…

Can I have your number/e-mail?	**Mag ik je nummer/e-mailadres?** *mahkh ihk yuh nuh • muhr/ ee • mayl • aa • drehs*
Are you on Facebook/Twitter?	**Zit je op Facebook/Twitter?** *siht yuh ohp Facebook/Twitter*
Can I join you?	**Mag ik bij je komen zitten?** *mahkh ihk bie yuh koa • muhn zih • tuhn*
You're very attractive.	**Je ziet er fantastisch uit.** *yuh zeet ehr fahn • tahs • tees awt*
Shall we go somewhere quieter?	**Zullen we een rustig plekje opzoeken?** *zuh • luhn vuh uhn ruhs • tikh plehk • yuh ohp • zoo • kuhn*

Throughout this section, the informal you is applied in Dutch.

For Communications, see page 81.

ACCEPTING & REJECTING

Thank you. I'd love to.	**Dank je. Dat zou erg leuk zijn.** *dangk yuh daht zow ehrkh luk zien*
Where should we meet?	**Waar zullen we elkaar ontmoeten?** *vaar zuh • luhn vuh ehl • kaar ohnt • moo • tuhn*
I'll meet you at the bar/your hotel.	**Laten we in de bar/jouw hotel afspreken.** *laa • tuhn vuh ihn duh bahr/yow hoa • tehl ahf • spray • kuhn*
I'll come by at...	**Ik haal je om...uur op.** *ihk haal yuh ohm...uwr ohp*
Thank you, but I'm busy.	**Dank je, maar ik heb het te druk.** *dangk yuh maar ihk hehp heht tuh druhk*
I'm not interested.	**Ik heb geen interesse.** *ihk hehp khayn ihn • tuh • reh • suh ihk hehp khayn ihn • tuh • reh • suh*

Leave me alone, please.	**Laat me alstublieft met rust.**
	laat muh ahls • tew • bleeft meht ruhst
Stop bothering me.	**Blijf me niet steeds lastig vallen.**
	blief muh neet stayts lahs • tihkh fah • luhn

For Time, see page 21.

GETTING INTIMATE

Can I hug/kiss you?	**Mag ik je omhelzen/zoenen?**
	mahkh ihk yuh ohm • hehl • zuhn/
	zoo • nuhn
Yes.	**Ja.**
	yaa
No.	**Nee.**
	nay
Stop!	**Stop!**
	stohp
I love you.	**Ik houd van je.**
	ihk how fahn yeh

SEXUAL PREFERENCES

Are you gay?	**Ben je homo** *m/* **lesbisch** *f***?**
	behn yuh hoa • moa/lehs • bees
I'm…	**Ik ben…**
	ihk behn…
heterosexual	**hetero**
	hay • tuh • roa
homosexual	**homo**
	hoa • moa
bisexual	**biseksueel**
	bee • sehk • sew • ayl
Do you like men/women?	**Val jij op mannen/vrouwen?**
	fahl yie ohp mah • nehn/frow • ehn

DICTIONARY

ENGLISH–DUTCH

A

about (approximately) ongeveer;
  (regarding) over
above boven
abroad in het buitenland
accept accepteren
access toegang
accident ongeluk
accidentally per ongeluk
accommodations logies
accompany meegaan
acetaminophen paracetamol
acne acne
across naar de overkant
acupuncture acupunctuur
adapter adapter
additional extra
address adres
adjoining aangrenzend
admission charge toegangsprijs
adult volwassene
after na
afternoon middag
aftershave aftershave
agree akkoord gaan
air lucht
air conditioning airco
air mattress luchtbed
air pump luchtpomp
airmail luchtpost
airport vliegveld
airsickness luchtziekte
aisle gangpad
alarm clock wekker
all alle

allergic allergisch
allergy allergie
alley steegje
all-night
  pharmacy nachtapotheek
allow toestaan
allowance (quantity) toegestane
  hoeveelheid;
  (permit) vergunning
almost bijna
alone alleen
already al
also ook
alter vermaken
alternate adj alternatief
aluminum foil aluminiumfolie
always altijd
amazing verbazingwekkend
ambassador ambassadeur
ambulance ambulance
American n Amerikaan;
  adj Amerikaans
amount (money) bedrag;
  (quantity) hoeveelheid
amusement park pretpark
anesthetic verdovingsmiddel
and en
anemia bloedarmoede
animal dier
another een ander
antacid antacidum
antibiotics antibiotica
antifreeze antivries
antique antiek
antiseptic adj antiseptisch

adj adjective	BE British English	prep preposition
adv adverb	n noun	v verb

any wat
anyone iemand
anything iets
apartment appartement
apologize zich verontschuldigen
appendix blindedarm
appetite eetlust
appointment afspraak
approve goedkeuren
approximately ongeveer
arcade speelhal
area code netnummer
arm arm
aromatherapy aromatherapie
around rond
arrivals (airport) aankomst
arrive arriveren
art gallery kunstgalerie
arthritis artritis
ashtray asbak
ask vragen
aspirin aspirine
assistance hulp
asthma astma
at (time) om; (place) op
ATM geldautomaat
attack aanval
attractive aantrekkelijk
audio guide audiogids
aunt tante
Australia Australië
authentic authentiek
authenticity echtheid
automatic (car) automaat
available (seat) vrij;
  (general) beschikbaar
away adv weg
awful afschuwelijk

B
baby baby
baby bottle zuigfles
baby food babyvoeding
baby wipes babydoekjes
babysitter oppas
back (body part) rug;

(not front) achterkant
backache rugpijn
backpack rugzak
bad slecht
bag tas
baggage [BE] bagage
baggage claim
  bagageafhaalruimte
bake bakken
bakery bakker
balcony balkon
ball bal
ballet ballet
band band
bandage (small) pleister;
  (large) verband
bank bank
bank charges bankkosten
bar bar
barber herenkapper
bargain koopje
barrier barrière
baseball honkbal
basement kelder
basket mand
basketball basketbal
bath bad
bathroom (bath/shower)
  badkamer; (restroom) toilet
battery (general) batterij;
  (car) accu
battlesite slagveld
be zijn
beach strand
beautiful mooi
because omdat
become worden
bed bed
bed and breakfast logies en
  ontbijt
bedding beddengoed
bedroom slaapkamer
before voor
begin beginnen
beginner beginner
behind achter

Belgium België
belong toebehoren
belt riem
bet wedden
between tussen
beware oppassen
bib slabbetje
bicycle fiets
big groot
bike path fietspad
bikini bikini
bill *n* rekening
binoculars verrekijker
bird vogel
birthday verjaardag
bite (general) beet; **(insect)** beet;
 v bijten
bitter bitter
bizarre bizar
bladder blaas
blanket deken
bleach bleekmiddel
bleed bloeden
blister blaar
blocked (drain) verstopt;
 (road) versperd
blood bloed
blood group bloedgroep
blood pressure bloeddruk
blouse bloes
blow dry föhnen
blue blauw
board *v* boarden
boarding card instapkaart
boat trip boottocht
bone bot
book boek
bookstore boekwinkel
boots laarzen
boring saai
born geboren
borrow lenen
botanical garden botanische tuin
bother *v* lastigvallen
bottle fles
bottle opener flesopener

boulevard boulevard
bowel darm
bowl kom
box doos
boxing boksen
boy jongen
boyfriend vriend
bra beha
bracelet armband
brake rem
break *v* breken
break down (car) pech hebben;
 (appliance) defect raken
breakfast ontbijt
breast borst
breastfeed borst geven
breathe ademhalen
bridge brug
bring brengen
British *n* Britten; *adj* Brits
brochure brochure
broken (body part or thing)
 gebroken; **(thing)** kapot
bronchitis bronchitis
brooch broche
broom bezem
bruise blauwe plek
bucket emmer
bug insect
building gebouw
build *v* bouwen
bulletin board
 mededelingenbord
burn brandwond
bus bus
bus lane busbaan
bus route busroute
bus shelter bushokje
bus station busstation
bus stop bushalte
bus ticket strippenkaart
business zaken
business card visitekaartje
business center bedrijvencomplex
business class businessclass
business district zakendistrict

busy druk
but maar
butane gas butagas
butcher slager
button knoop
buy kopen
by (near) bij; (time) niet later dan
bye (also used at arrival) dag;
  (only at departure) tot ziens

C
cabin hut
cafe café
calendar kalender
call n gesprek; (phone) v bellen;
  (name) v heten
calorie calorie
camera fototoestel
camp v kamperen
campsite camping
can (may) mogen;
  (be able) kunnen
can opener blikopener
Canada Canada
canal (general) kanaal;
  (in city) gracht
cancel annuleren
cancer kanker
candle kaars
canoeing kanovaren
cap (hat) pet; (dental) kroon
capsule (medication) capsule
car (vehicle) auto; (train
  compartment) wagon
car deck (ferry) autodek
car hire [BE] autoverhuurbedrijf
car park [BE] parkeerplaats
car rental autoverhuurbedrijf
car seat kinderzitje
card kaart
careful voorzichtig
carpet tapijt
carry-on luggage handbagage
cart wagentje
carton doos
cash adv contant; v verzilveren

cash register kassa
casino casino
castle kasteel
catch pakken; (bus) nemen
cathedral kathedraal
caution oppassen
cave grot
CD cd
CD player cd-speler
cell phone (informal) mobiel;
  (formal) mobiele telefoon
cemetery begraafplaats
ceramics keramiek
certificate certificaat
change (money) n wisselgeld;
  (buses) v overstappen; (money)
  v wisselen; (reservation)
  v veranderen; (baby) v
  verschonen
charcoal houtskool
charge n prijs; v berekenen
cheap goedkoop
check n rekening; v checken
check in inchecken
check out (hotel) uitchecken
checking account betaalrekening
cheers proost
chemical toilet chemisch toilet
chemist [BE] (with prescriptions)
  apotheek; (without
  prescriptions) drogisterij
cheque [BE] rekening
chest borstkas
child kind
child seat kinderstoeltje
child's cot [BE] wieg
children's clothing kinderkleding
children's menu kindermenu
children's portion kinderportie
choose selecteren
church kerk
cigarette sigaret
cigar sigaar
cinema [BE] bioscoop
class klas
clean schoon

cleaning supplies
  schoonmaakmiddelen
clearance opruiming
cliff klif
cling film [BE] huishoudfolie
clinic kliniek
clock klok
clog n klomp
close adv dichtbij; v sluiten
clothing store kledingwinkel
cloudy bewolkt
club club
coast kust
coat jas
coat check garderobe
coat hanger kleerhanger
code code
coin munt
cold (chilly) koud;
  (flu) verkoudheid
collapse instorten
colleague collega
collect ophalen
collection (mail) lichting
color kleur
comb kam
come komen
commission commissie
compact compact
company (business) bedrijf;
  (companionship) gezelschap
compartment (train) coupé
computer computer
concert concert
concert hall concertgebouw
concession concessie
concussion hersenschudding
conditioner conditioner
condom condoom
conductor dirigent
conference conferentie
confirm bevestigen
congratulations gefeliciteerd
connect verbinding maken
connection verbinding
conscious bewust

conservation area beschermd
  natuurgebied
constant constant
constipation constipatie
consulate consulaat
consult raadplegen
contact bereiken
contact lens contactlens
contact lens solution
  contactlensvloeistof
contagious besmettelijk
contain bevatten
contemporary modern
contest wedstrijd
continuous doorlopend
contraceptive
  voorbehoedsmiddel
contribution bijdrage
control controle
convention congres
convention hall congresgebouw
cook n kok; v koken
cooker [BE] fornuis
cooking (cuisine) keuken
cooking facilities
  kookgelegenheid
cool (cold) koel; (nice) cool
copper koper
copy n kopie; v kopiëren
corkscrew kurkentrekker
corner hoek
correct correct
cosmetic cosmetisch
cost kosten
costume (local) klederdracht
cot ledikant
cottage vakantiehuisje
cotton katoen
cough n hoest; v hoesten
could kunnen
counter (shop) toonbank
country land
country code landnummer
courier koerier
course (meal) gang;
  (medication) kuur

courthouse rechtbank
cousin (male) neef; (female) nicht
cover charge couvert
craft shop handwerkwinkel
cramps kramp
credit card creditcard
crib wieg
cross n kruis; v oversteken
crossing overtocht
crosswalk zebrapad
crowded vol
crown (dental) kroon
cruise n cruise; v cruisen
crutches krukken
crystal kristal
cup kopje
currency valuta
currency exchange office
  geldwisselkantoor
curtain gordijn
curve bocht
custom made op maat gemaakt
customer information
  klanteninformatie
customer service klantenservice
customs douane
customs declaration form
  douaneaangifteformulier
cut n snijwond; v knippen
cute schattig
cycle route fietsroute
cycling fietsen
cycling race wielerwedstrijd

D

daily dagelijks
dairy zuivel
dairy products zuivelproducten
damage schade
damaged beschadigd
damp vochtig
dance n dans; v dansen
dance club discotheek
dangerous gevaarlijk
dark donker
date of birth geboortedatum

dawn dageraad
day dag
day trip dagtocht
dead end doodlopende weg
deaf doof
deck chair ligstoel
declare aangeven
decorative decoratief
decorative tile siertegel
deep diep
defrost ontdooien
degree graad
delay vertraging
delete verwijderen
Delft blue Delfts blauw
delicatessen delicatessen
delicious heerlijk
deliver (give birth) bevallen;
  (bring) afleveren
delivery levering
denim spijkerstof
dental floss floss
dental office tandartspraktijk
dentist tandarts
denture kunstgebit
deodorant deodorant
depart vertrekken
department store warenhuis
departure gate vertrekgate
departure lounge vertrekhal
departures vertrek
deposit n borgsom
describe beschrijven
destination bestemming
detail detail
detergent wasmiddel
detour omleiding
develop ontwikkelen
diabetes diabetes
diabetic adj diabetisch;
  n suikerpatiënt
dial (phone) v kiezen
diamond diamant
diaper luier
diarrhea diarree
diabetic suikerpatiënt

dice dobbelsteen
dictionary woordenboek
diesel diesel
diet dieet
difficult moeilijk
digital digitaal
dine dineren
dining car restauratiewagen
dining room eetkamer
dinner avondeten
direct *adj* rechtstreeks; *v* de weg wijzen
direction richting
directions (map) aanwijzingen
directory (phone) telefoonboek
dirty vies
disabled gehandicapt
disconnect verbinding verbreken
discount korting
discount store discountzaak
dish (plate) bord; (food) gerecht
dishwasher afwasmachine
dishwashing liquid afwasmiddel
dislocate ontwrichten
display case vitrine
disposable wegwerpbaar
dissolve oplossen
distance afstand
disturb storen
dive duiken
diving equipment duikapparatuur
divorce scheiden
dizzy duizelig
do doen
dock dok
doctor dokter
dog hond
doll pop
dollar (U.S.) dollar
domestic binnenlands
donation gift
door deur
dosage dosering
double dubbel
double room tweepersoonskamer
downstairs beneden

downtown stadscentrum
dozen dozijn
dress *n* jurk; *v* aankleden
dress code kledingvoorschriften
drink *n* drankje; *v* drinken
drip druppelen
drive rijden
driver chauffeur
driver's license rijbewijs
drop (medicine) druppel
drown verdrinken
drowsy suf
drowsiness sufheid
drugstore drogisterij
drunk dronken
dry droog
dry clean stomen
dry cleaner stomerij
dubbed nagesynchroniseerd
dummy [BE] fopspeen
during tijdens
Dutch (language) Nederlands; (people) Nederlanders
duty (tax) accijns
duty-free belastingvrij

E

ear oor
ear drops oordruppels
earache oorpijn
early vroeg
earrings oorbellen
east oost
easy makkelijk
eat eten
economy class (general) economy class; (train) tweede klas
electrical outlet stopcontact
electronic elektronisch
elevator *n* lift
e-mail e-mail
e-mail address e-mailadres
embassy ambassade
emerald smaragd
emergency noodgeval

emergency brake noodrem
emergency exit nooduitgang
emergency service hulpdienst
empty *adj* leeg; *v* leegmaken
end *n* einde; *v* aflopen
engaged (marriage) verloofd
England Engeland
English Engels
English-speaking Engelstalig
engrave graveren
enjoy leuk vinden
enlarge vergroten
enough genoeg
entertainment guide uitgids
entrance ingang
entrance fee toegangsprijs
entrance ramp (highway) oprit
  snelweg
entry ingang
entry visa inreisvisum
envelope envelop
epileptic epileptisch
equipment (clothing)
  uitrusting; (machine)
  apparatuur
error fout
escalator roltrap
essential essentieel
e-ticket e-ticket
euro euro
Eurocheque Eurocheque
evening avond
event evenement
every elk
exact exact
examination onderzoek
example voorbeeld
except uitgezonderd
excess luggage overbagage
exchange (general) ruilen;
  (money) wisselen
exchange rate wisselkoers
excursion excursie
exhausted uitgeput
exit (door) uitgang;
  (highway) afslag

exit ramp afrit
expensive duur
experience ervaring
expiration date vervaldatum
expose blootstellen
express mail per expres
extension (phone) toestel
extra (additional) extra
extract *v* onttrekken
eye oog
eyebrow wenkbrauw

F

fabric stof
face gezicht
facial *n* gezichtsbehandeling
facilities faciliteiten
factor factor
faint *adj* zwak; *v* flauwvallen
fall *v* vallen
family (immediate) gezin;
  (relatives) familie
famous beroemd
fan *n* ventilator
far ver
far-sighted verziend
farm boerderij
fast (speedy) snel; (clock) loopt
  voor
fast food fastfood
faucet kraan
faulty defect
favorite favoriet
fax fax
fax machine faxapparaat
fax number faxnummer
feature kenmerk
feed voeden
feel voelen
female vrouwelijk
ferry veerboot
fever koorts
few weinig
fiancé verloofde
field weiland
fight *n* gevecht; *v* vechten

fill vullen
fill out invullen
fill up opvullen
filling vulling
film (movie) film; **(camera)** fotorolletje
filter filter
find vinden
fine (good) goed; **(well)** prima; **(police)** boete
finger vinger
fire (campfire) kampvuur; **(disaster)** brand
fire alarm brandalarm
fire brigade [BE] brandweer
fire department brandweer
fire door branddeur
fire escape nooduitgang
fire exit brandtrap
fire extinguisher brandblusser
first eerst
first class eerste klas
fishing v vissen
fit passen
fitting room paskamer
fix (repair) repareren
flash flits
flashlight zaklantaarn
flavor smaak
flea market vlooienmarkt
flight vlucht
flight attendant (male) steward; **(female)** stewardess
flight number vluchtnummer
floor (level) verdieping
florist bloemenwinkel
flower bloem
flu griep
flush doorspoelen
fly n vlieg; v vliegen
fog mist
follow volgen
food voedsel
food poisoning voedselvergiftiging
foot voet

footpath [BE] voetpad
football [BE] voetbal
for voor
for sale te koop
foreign buitenlands
forest bos
forget vergeten
fork vork
form n formulier
formal dress avondkleding
formula (baby) flesvoeding
fountain fontein
fracture breuk
frame (glasses) montuur
free (available) vrij
free of charge gratis
freeze bevriezen
freezer diepvriezer
frequent adj vaak
fresh vers
friend vriend
from (general) van; **(destination)** uit
front voorkant
frying pan koekenpan
fuel (gas) benzine
full vol
fun plezier
funny grappig
furniture meubels
fuse zekering
fuse box zekeringkast

G

gallery galerie
game (competition) wedstrijd; **(tennis)** game; **(toy)** spelletje
garage garage
garbage bag vuilniszak
garden tuin
gas (gasoline) benzine
gas station benzinestation
gas tank benzinetank
gate (airport) gate; **(general)** hek
gauze gaas
gear versnelling

genuine echt
get (receive) krijgen
get off (bus) uitstappen
gift cadeau
gift store cadeauwinkel
girl meisje
girlfriend vriendin
give geven
glass (drinking) glas
glasses (optical) bril
gloves handschoenen
gluten gluten
go gaan
goggles duikbril
gold goud
golf golf
golf club golfstok
golf course golfbaan
good goed
goodbye dag
gram gram
grass gras
great prima
Great Britain Groot-Brittannië
green groen
greengrocer [BE] groenteman
groundcloth grondzeil
groundsheet [BE] grondzeil
group groep
guarantee garantie
guesthouse pension
guide (tour) gids
guide book gids
guide dog geleidehond
guided tour rondleiding
guided walk begeleide wandeling
guitar gitaar
gym fitnessruimte
gynecologist gynaecoloog

H
hair haar
hairbrush borstel
hairdresser dameskapper
halal halal
half n helft; adj halve

hammer hamer
hand hand
hand luggage handbagage
hand washable met de hand
  wassen
handbag [BE] handtas
handicapped gehandicapt
handicrafts ambachten
handkerchief zakdoek
hanger klerenhanger
hangover kater
happen gebeuren
happy blij
harbor haven
hard (tough) hard;
  (difficult) moeilijk
hardware store ijzerwarenwinkel
hat hoed
have hebben
hay fever hooikoorts
head hoofd
headache hoofdpijn
health gezondheid
health food reformproducten
health food store reformwinkel
health insurance
  ziektekostenverzekering
hear v horen
hearing aid gehoorapparaat
hearing impaired slechthorend
heart hart
heart attack hartaanval
heart condition hartkwaal
heat verwarming
heating [BE] verwarming
heavy zwaar
height (person) lengte;
  (general) hoogte
hello hallo
helmet helm
help helpen
her haar
here hier
hi hallo
high hoog
highchair kinderstoel

highway snelweg
hiking wandelen
hiking gear wandeluitrusting
hill heuvel
hire huren
historical historisch
hobby hobby
hold (general) vasthouden; **(phone)** aan de lijn blijven
hole gat
holiday [BE] vakantie
home (place) thuis; **(direction)** naar huis
homemade zelfgemaakt
honeymoon huwelijksreis
horn claxon
horse paard
horseback riding paardrijden
horsetrack paardenrenbaan
hospital ziekenhuis
hot heet
hotel hotel
hour uur
house huis
how hoe
how much hoeveel
how many hoeveel
hug omhelzen
hunger honger
hungry hongerig
hunt jagen
hurry n haast; v haasten
hurt n pijn; v pijn hebben
husband man

I

I ik
ibuprofen ibuprofen
ice-cream parlor ijssalon
ice hockey ijshockey
ice skating schaatsen
identification legitimatiebewijs
ill [BE] ziek
illegal illegaal
imitation imitatie
important belangrijk

improve verbeteren
in in
incline helling
include bevatten
indigestion indigestie
indoor pool binnenbad
inexpensive goedkoop
infect ontsteken
infection infectie
inflammation ontsteking
informal informeel
information (general) informatie; **(phone inquiry)** inlichtingen
information desk informatiebalie
injection injectie
injure verwonden
innocent onschuldig
insect insect
insect bite insectenbeet
insect repellent insectenspray
insert (ATM) invoeren
inside binnen
insist aandringen
insomnia slapeloosheid
instant messenger instant messenger
instead of in plaats van
instructions gebruiksaanwijzing
instructor instructeur
insulin insuline
insurance verzekering
insurance card verzekeringsbewijs
insurance certificate [BE] verzekeringsbewijs
insurance claim schadeclaim
interest (hobby) interesse
interference storing
intermission pauze
international internationaal
International Student Card Internationale Studentenkaart
internet internet
internet cafe internetcafé
internet service

internetverbinding
interpreter tolk
intersection kruispunt
into naar
introduce (person) voorstellen
invite uitnodigen
iodine jodium
Ireland Ierland
Iron *n* strijkijzer
is is
itch jeuk
item ding
itemized gespecificeerd

J

jacket jasje
jar pot
jaw kaak
jeans spijkerbroek
jet lag jetlag
jet-ski jetski
jeweler juwelier
jewelry sieraden
job baan
join meedoen
joint *adj* gezamenlijk; *n* gewricht
joke grap
journey reis

K

keep houden
keep out verboden toegang
key sleutel
key card sleutelkaart
key ring sleutelring
kiddie pool kinderbadje
kidney nier
kilo kilo
kilometer kilometer
kind (pleasant) aardig;
 (type) soort
kiss *v* kussen
kitchen keuken
knee knie
knife mes
knock kloppen

know kennen
kosher koosjer

L

label label
lace kant
lactose intolerant lactose-
 intolerant
ladder ladder
lake meer
lamp lamp
land *n* land; *v* landen
lane (traffic) rijstrook;
 (path) laantje
language course taalcursus
large groot
last (end) *adj* laatst; **(previous)**
 adj vorige; **(keep)** *v* meegaan
late (delayed) vertraagd
launderette [BE] wasserette
laundromat wasserette
laundry service wasserij
laundry facilities wasmachines
lawyer advocaat
laxative laxerend middel
lead (road) gaan naar
leader (group) groepsleider
leak lekken
learn leren
leather leer
leave (depart) vertrekken;
 (deposit) betalen;
 (forget something) vergeten
left links
left-luggage office
 [BE] bagagedepot
leg (body part) been
legal legaal
lend lenen
length lengte
lens lens
lens cap lensdop
less minder
lesson les
let laten
letter brief

level *adj* gelijk; *n* verdieping
library bibliotheek
life leven
life boat reddingsboot
life guard (pool) badmeester;
  (beach) strandmeester
life jacket reddingsvest
lift [BE] lift
light licht
lightbulb gloeilamp
lighthouse vuurtoren
lighter *adj* lichter; *n* aansteker
line lijn
linen linnen
lip lip
lipstick lippenstift
liquor store slijter
liter liter
little klein
live wonen
liver lever
living room woonkamer
loafers instappers
lobby (theater, hotel) hal
local plaatselijk
lock *n* slot; *v* afsluiten
log on inloggen
log off uitloggen
long lang
long-distance bus touringcar
long-sighted [BE] verziend
look *n* stijl; *v* kijken
loose los
lorry [BE] vrachtauto
lose verliezen
lost (misplaced) verloren;
  (direction) verdwaald
lost-and-found gevonden
  voorwerpen
lost property office [BE]
  gevonden voorwerpen
lottery loterij
loud (general) luid; **(voice)** hard
love *n* liefde; **(general)** *v* dol zijn
  op; **(romantic)** *v* houden van
low laag

luggage bagage
luggage cart bagagewagentje
luggage trolley [BE]
  bagagewagentje
lump gezwel
lunch lunch
lung long

M

machine washable in de machine
  wassen
madam mevrouw
magazine tijdschrift
magnificent magnifiek
mail *n* post; *v* posten
mailbox brievenbus
main grootste
make-up make-up
male mannelijk
mall winkelcentrum
mallet houten hamer
man man
manager manager
mandatory verplicht
manicure manicure
many veel
map kaart
market markt
marry trouwen
mascara mascara
mask masker
mass mis
massage massage
matches lucifers
matinee matinee
mattress matras
maybe misschien
meal maaltijd
mean *v* betekenen
measure meten
measurement afmeting
measuring cup maatbeker
measuring spoon maatlepel
mechanic monteur
medication medicijn
medicine geneesmiddel

meet ontmoeten
meeting vergadering
meeting room vergaderruimte
meeting place
  ontmoetingsplaats
member lid
memorial gedenkteken
memory card geheugenkaart
mend (clothes) verstellen
menstrual
  cramps menstruatiepijn
menu menukaart
merge (traffic) invoegen
message bericht
metal metaal
microwave (oven) magnetron
midday [BE] twaalf uur 's middags
midnight middernacht
migraine migraine
mini-bar minibar
minute minuut
mirror spiegel
missing kwijt
mistake fout
mobile home camper
mobile phone [BE]
  (informal) mobiel;
  (formal) mobiele telefoon
moisturizer (cream)
vochtinbrengende crème
money geld
money order postwissel
month maand
mop dweil
moped brommer
more meer
morning ochtend
mosque moskee
mosquito bite muggenbeet
motion sickness reisziekte
motor motor
motor boat motorboot
motorcycle motorfiets
motorway [BE] snelweg
mountain berg
mountain bike mountainbike

moustache snor
mouth mond
move (general) bewegen;
  (relocate) verhuizen
movie film
movie theater bioscoop
Mr. De heer (Dhr.); meneer
Mrs. Mevrouw (Mevr.)
much veel
mugging beroving
mug mok
muscle spier
museum museum
music muziek
must moeten

N

nail nagel
nail file nagelvijl
nail salon nagelsalon
name naam
napkin servet
nappy [BE] luier
narrow smal
national nationaal
nationality nationaliteit
native inwoner
nature natuur
nature reserve natuurreservaat
nature trail natuurpad
nausea misselijkheid
nauseous misselijk
near dichtbij
nearby in de buurt
nearest dichtstbijzijnde
near-sighted bijziend
necessary nodig
neck nek
necklace halsketting
need v nodig hebben
network netwerk
never nooit
new nieuw
New Zealand Nieuw-Zeeland
news nieuws
news agent [BE] kiosk

newspaper krant
newsstand kiosk
next volgende
next to naast
nice fijn
night nacht
night club nachtclub
no (denial) nee; (prohibition)
niet
no parking parkeerverbod
noisy lawaaierig
non-EU citizens niet-EU-
ingezetenen
non-smoking niet-roken
non-stop non-stop
noon twaalf uur 's middags
normal normaal
north noord
nose neus
not niet
nothing niets
notify informeren
now nu
number nummer
nurse verpleegster
nylon nylon

O

o'clock uur
office kantoor
office hours kantooruren
office supplies
kantoorbenodigdheden
off-licence [BE] slijter
off-peak (ticket) daluren
office kantoor
often vaak
oil olie
OK oké
old oud
on op
once één keer
one-way (traffic)
eenrichtingsverkeer
one-way ticket enkeltje
only slechts

open adj open; (shop)
v opengaan; (window)
v opendoen
opening hours
[BE] openingstijden
opera opera
operation operatie
opposite tegenover
opticien opticiën
or of
orally oraal
orchestra orkest
order bestellen
organize organiseren
original origineel
out uit
outdoor adj openlucht
outdoor pool buitenbad
outside buiten
oval ovaal
oven oven
over (more than) meer dan
overcharged teveel betaald
overheat oververhit worden
overlook uitkijkpunt
overnight in één nacht
owe verschuldigd zijn
own adj eigen; v bezitten
owner eigenaar
oxygen zuurstof

P

pacifier fopspeen
pack inpakken
package pakje
paddling pool [BE]
kinderzwembad
padlock hangslot
pail emmer
pain pijn
paint v verven
painting schilderij
pair paar
pajamas pyjama
palace paleis
palpitations hartkloppingen

panorama panorama
pants lange broek
panty hose panty
paper towel keukenpapier
paracetamol [BE] paracetamol
paralysis verlamming
parcel [BE] pak
parents ouders
park n park; v parkeren
parking garage parkeergarage
parking lot parkeerplaats
parking meter parkeermeter
parking ticket parkeerbon
partner partner
part time parttime
party (social) feestje
pass (a place) langskomen;
   (traffic) inhalen
passenger passagier
passport paspoort
password wachtwoord
pastry store banketbakker
patient adj geduldig; n patiënt
pavement [BE] stoep
pay phone telefoonzuil
pay betalen
payment betaling
pearl parel
pedestrian voetganger
pedestrian crossing
   voetgangersoversteekplaats
pedestrian zone verkeersvrij
   gebied
pediatrician kinderarts
pedicure pedicure
peg wasknijper
pen pen
penicillin penicilline
per per
performance voorstelling
perhaps misschien
period (general) periode;
   (menstrual) menstruatie
person persoon
petite tenger
petrol [BE] benzine

petrol station [BE] benzinestation
pewter tin
pharmacy apotheek
phone n telefoon; v telefoneren
phone call telefoongesprek
phone card telefoonkaart
phone directory telefoongids
phone number telefoonnummer
photocopy n kopie; v kopiëren
photograph foto
photography fotografie
phrase zinsnede
phrase book taalgids
pick up v ophalen
picnic picknick
picnic area picknickplaats
piece stuk
pill pil
pillow kussen
PIN PIN
pipe (smoking) pijp
pizzeria pizzeria
place plaats
plane vliegtuig
plan plan
plaster [BE] pleister
plastic plastic
plastic wrap huishoudfolie
plate bord
platform spoor
platinum platina
play n toneelstuk; v spelen
playground speeltuin
playpen babybox
pleasant prettig
please alstublieft
plug plug
plunger ontstopper
pneumonia longontsteking
poison gif
police politie
police report proces-verbaal
police station politiebureau
pollen count stuifmeelgehalte
polyester polyester
pond vijver

pool zwembad
popular populair
porcelain porselein
port (harbor) haven
porter kruier
portion portie
post [BE] n post; v versturen
post office postkantoor
postage posttarief
postbox [BE] brievenbus
postcard ansichtkaart
pot pot
pottery aardewerk
pound pond
pound sterling Britse pond
power (electricity) stroom
practice praktijk
pregnant zwanger
premium (gas) super
prepaid phone card prepaidkaart
prescription recept
present n cadeau; v geven
press persen
pretty mooi
price prijs
print afdrukken
prison gevangenis
private particulier
produce store groentewinkel
profession beroep
problem probleem
prohibited verboden
program programma
pronounce uitspreken
pub pub
public n publiek; adj openbaar
pull trekken
pump pomp
pure zuiver
purpose doel
purse (handbag) handtas
push duwen
pushchair [BE] kinderwagen
put neerzetten

Q

quality kwaliteit
quarter kwart
queue [BE] n rij; v in de rij staan
quick snel
quiet rustig

R

racetrack circuit
racket (tennis) racket
railroad crossing overweg
railway station [BE] station
rain n regen; v regenen
raincoat regenjas
rape verkrachting
rapids stroomversnelling
rash uitslag
razor scheerapparaat
reach bereiken
reaction reactie
read lezen
ready klaar
real (genuine) echt
receipt (in shop) bon;
  (formal) kwitantie
receive ontvangen
reception (desk) receptie
receptionist receptionist
recommend aanbevelen
reduce verminderen
reduction korting
refrigerator koelkast
refund n terugbetaling;
  v terugbetalen
region streek
registered mail aangetekende
  post
**registration
  form** inschrijfformulier
regular normaal
relationship relatie
reliable betrouwbaar
religion godsdienst
remember (recall) herinneren;
  (not forget) onthouden

remove verwijderen
renovation renovatie
rent n huur; v huren
rental car huurauto
repair repareren
repeat herhalen
replace vervangen
replacement part vervangingsonderdeel
report n rapport; v melden
required vereist
reservation reservering
reservation desk reserveringsbalie
reserve reserveren
reservoir reservoir
responsibility verantwoordelijkheid
rest rusten
rest area rustgebied
restaurant restaurant
restroom toilet
retired gepensioneerd
return ticket [BE] retourtje
right (correct) juist; **(direction)** rechts
ring ring
river rivier
road weg
road map wegenkaart
roadwork wegwerkzaamheden
rob beroven
robbery beroving
rock rots
romantic romantisch
roof dak
room kamer
room service roomservice
rope touw
rose roos
round rond
round-trip ticket retourtje
route route
row roeien
rowboat roeiboot
rubbish [BE] vuilnis

rude onbeleefd
ruins ruïne
rush haasten

S

safe adj veilig; n kluis
safety veiligheid
safety pin veiligheidsspeld
sale opruiming
sales tax BTW
same hetzelfde
sand zand
sandals sandalen
sanitary napkin maandverband
sanitary pad [BE] maandverband
satin satijn
saucepan steelpan
sauna sauna
save (computer) opslaan
savings account spaarrekening
say zeggen
scarf sjaal
scissors schaar
Scotland Schotland
screwdriver schroevendraaier
sea zee
seasick zeeziek
season ticket abonnement
seat (on train, etc.) plaats
seat belt veiligheidsgordel
sedative kalmerend middel
see zien
self-service zelfbediening
sell verkopen
seminar seminar
send versturen
senior citizen oudere
separated uit elkaar
separate apart
serious ernstig
serve opdienen
service (church) kerkdienst; **(restaurant)** bediening
service charge bedieningsgeld
service included bediening inbegrepen

set menu dagmenu
sew naaien
sex seks
shadow schaduw
shallow ondiep
shampoo shampoo
shape vorm
share delen
sharp scherp
shave scheren
shaving brush scheerkwast
shaving cream scheerzeep
sheet (bed) laken
ship schip
shirt (men's) overhemd
shock schok
shoe schoen
shoe repair schoenmaker
shoe store schoenenwinkel
shop assistant winkelbediende
shopping n boodschappen;
   v winkelen
shopping basket winkelmandje
shopping centre
   [BE] winkelcentrum
shopping mall winkelcentrum
shopping cart winkelwagentje
shopping trolley
   [BE] winkelwagentje
short kort
short-sighted [BE] bijziend
shorts korte broek
shoulder schouder
shovel schep
show tonen
shower douche
shut v sluiten
shutter luik
sick (general) ziek;
   (nauseous) misselijk
side effect bijwerking
sidewalk stoep
sight (attraction)
   bezienswaardigheid
sightseeing tour toeristische
   rondrit

sign (road) n verkeersbord; (place
   signature) v tekenen
silk zijde
silver zilver
single (person) single
single ticket [BE] (travel) enkeltje
single room eenpersoonskamer
sink (bathroom) wastafel;
   (kitchen) gootsteen
sit zitten
site plaats
size maat
skating rink ijsbaan
skin huid
skirt rok
sleep slapen
sleeping bag slaapzak
sleeping car slaapwagen
sleeping pill slaappil
sleeve mouw
slice plak
slippers pantoffels
slow langzaam
small klein
smell geur
smoke roken
smoking area rokerszone
snack snack
snack bar snackbar
sneakers gymschoenen
snorkle snorkelen
snow n sneeuw; v sneeuwen
soap zeep
soccer voetbal
socket stopcontact
socks sokken
sold out uitverkocht
some enkele
someone iemand
something iets
sometimes soms
somewhere ergens
soon gauw
soother [BE] fopspeen
sore pijnlijk
sore throat keelpijn

sorry sorry
south zuid
souvenir souvenir
souvenir guide souvenirgids
souvenir store souvenirwinkel
spa kuuroord
space ruimte
spare extra
spatula spatel
speak spreken
special speciaal
specialist specialist
specimen monster
speed snelheid
speed limit snelheidslimiet
spell v spellen
spend uitgeven
sponge spons
spoon lepel
sport sport
sporting goods store sportwinkel
sports club sportvereniging
spot (place, site) plaats
spouse (male) echtgenoot;
  (female) echtgenote
sprain n verstuiking; v verstuiken
square vierkant
stadium stadion
staff personeel
stainless steel roestvrij staal
stairs trap
stamp n postzegel; v stempelen
stand staan
standard standaard
standby ticket standby-ticket
start (general) beginnen, (car,
  etc.) starten
statue standbeeld
stay n verblijf; (remain) v blijven;
  (overnight) v logeren
steal stelen
steel staal
steep steil
sterilizing solution steriele
  oplossing
sterling silver sterling zilver

stiff stijf
still nog
stolen gestolen
stomach maag
stomachache maagpijn
stop n halte; v stoppen
store winkel
store directory [BE]
  winkelplattegrond
store guide winkelplattegrond
stove fornuis
straight recht
stream beekje
street straat
stroller kinderwagen
strong sterk
student student
study studeren
stunning verbluffend
style n stijl; v stylen
subtitled ondertiteld
suburb buitenwijk
subway metro
subway map metrokaart
subway station metrostation
suggest voorstellen
suit pak
suitable geschikt
suitcase koffer
sun zon
sunbathe zonnebaden
sunblock sunblock
sunburn zonnebrand
sunglasses zonnebril
sunshade [BE] parasol
sunscreen zonnebrandcrème
suntan lotion zonnebrandcrème
super (petrol) [BE] super
superb voortreffelijk
supermarket supermarkt
supervision toezicht
suppository zetpil
surcharge toeslag
sure zeker
surfboard surfplank
swallow doorslikken

sweater trui
sweatshirt sweatshirt
sweep vegen
sweet zoet
swelling zwelling
swim zwemmen
swimsuit zwempak
swimming pool zwembad
swimming trunks zwembroek
swollen opgezet
symbol symbool
symptom symptoom
synagogue synagoge
synthetic synthetisch

T
T-shirt T-shirt
TV tv
table tafel
tablet tablet
take (general) nemen;
  (carry) meenemen;
  (medicine) innemen;
  (time) duren
take off (plane) opstijgen;
  (shoes) uitdoen
talk praten
tall lang
tampon tampon
tap [BE] kraan
taste n smaak; v proeven
taxi taxi
taxi rank [BE] taxistandplaats
taxi stand taxistandplaats
teaspoon theelepel
team team
tear (muscle) scheuren
tear off afscheuren
telephone n telefoon;
  v telefoneren
telephone booth telefoonzuil
telephone call telefoongesprek
**telephone
  number** telefoonnummer
tell vertellen
temperature temperatuur

tennis tennis
tennis court tennisbaan
tent tent
tent peg tentharing
tent pole tentstok
terminal terminal
terrible vreselijk
text n tekst
text messaging sms'en
thank danken
that dat
theater theater
theft diefstal
then (time) dan
there daar
thermometer thermometer
thermos thermosfles
these deze
thick dik
thief dief
thigh dij
thin dun
thing ding
think denken
thirsty dorstig
this dit
those die
throat keel
through door
thumb duim
ticket kaartje
ticket inspector conducteur
ticket office loket
tie n stropdas
tight krap
tile tegel
time tijd
timetable [BE] dienstregeling
tip fooi
tire band
tired moe
tissue tissue
to (place) naar
tobacco tabak
tobacconist sigarenwinkel
today vandaag

toe teen
toilet [BE] toilet
toilet paper toiletpapier
toll tol
toll booth tolhuisje
toll road tolweg
tomorrow morgen
tongue tong
tonight vanavond
too te
tooth tand
toothache kiespijn
toothbrush tandenborstel
toothpaste tandpasta
top bovenkant
torn gescheurd
tour excursie
tour guide reisgids
tourist toerist
tourist office VVV-kantoor
tournament toernooi
tow truck takelwagen
towel handdoek
tower toren
town stad
town hall stadhuis
town map stadsplattegrond
town square stadsplein
toy speelgoed
toy store speelgoedwinkel
traditional traditioneel
traffic verkeer
traffic circle rotonde
traffic jam file
traffic light stoplicht
traffic offence [BE]
  verkeersovertreding
traffic
  violation verkeersovertreding
trail wandelpad
trailer aanhangwagen
train trein
train station station
tram tram
transfer overstappen
transport vervoer

translate vertalen
translation vertaling
translator vertaler
trash vuilnis
trash can vuilnisbak
travel reizen
travel agency reisbureau
travel sickness reisziekte
traveler's check reischeque
traveller's cheque
  [BE] reischeque
tray plateau
treatment behandeling
tree boom
trim bijknippen
trip reis
trolley wagentje
trousers [BE] lange broek
truck vrachtwagen
true waar
try on (clothes) passen
tumor tumor
tunnel tunnel
turn (traffic) keren
turn down (volume, heat) lager
  zetten
turn off uitzetten
turn on aanzetten
turn up hoger zetten
tweezers pincet
twist (ankle) verstuiken
typical typisch

U

U.K. Groot-Brittannië
U.S. Verenigde Staten
ugly lelijk
ulcer zweer
umbrella paraplu
unconscious bewusteloos
under onder
underground station
  [BE] metrostation
understand begrijpen
unemployed werkeloos
units (phone card) eenheden

until tot
upstairs boven
urgent dringend
use *n* gebruik; *v* gebruiken
username gebruikersnaam

V

vacant vrij
vacation vakantie
vacuum cleaner stofzuiger
valet service parkeerdienst
valid geldig
validate (general) bevestigen;
(**ticket**) afstempelen
valuable waardevol
value waarde
VAT [BE] BTW
vegan veganist
vegetarian *n* vegetariër;
adj vegetarisch
vehicle voertuig
vein ader
version versie
very heel
video game videospelletje
view uitzicht
viewpoint uitkijkpunt
village dorp
vineyard wijngaard
visa visum
visit *n* bezoek; *v* bezoeken
visiting hours bezoekuur
visually impaired slechtziend
volleyball volleybal
voltage voltage
vomit *n* braaksel; *v* overgeven

W

wait wachten
waiting room wachtkamer
waiter kelner
waitress kelnerin
wake (self) wakker worden;
(**someone**) wakker maken
wake-up service wekdienst
Wales Wales

walk (general) lopen;
(**on trail/path**) wandelen
wall muur
wallet portemonnee
ward (hospital) afdeling
warm *adj* warm; *v* opwarmen
war memorial oorlogsmonument
warning waarschuwing
washable wasbaar
washing machine wasmachine
watch (timepiece) horloge
water water
water skis waterski's
waterfall waterval
waterproof waterdicht
wave golf
way weg
wear dragen
weather weer
weather forecast weerbericht
wedding huwelijk
week week
weekday weekdag
weekend weekend
weekend rate weekendtarief
weekly wekelijks
weigh wegen
weight gewicht
welcome welkom
west west
wetsuit duikerspak
what wat
wheelchair rolstoel
wheelchair ramp rolstoelopgang
when wanneer
where waar
which welke
while terwijl
who wie
whose van wie
why waarom
wide breed
wife vrouw
wildlife dieren in het wild
wind wind
windbreaker windjack

windmill molen
windscreen voorruit
windsurfing windsurfen
windy winderig
window (general) raam;
  (shop) etalage
window seat plaats bij het raam
wine wijn
wine list wijnkaart
wipe vegen
wireless draadloos
wish wens
with met
withdraw (money) opnemen
withdrawal (money) geldopname
within (time) binnen
without zonder
witness getuige
wood (forest) bos;
  (material) hout
wool wol
work (function) n werk
  v werken; (operate) bedienen
wrap v inpakken

write schrijven
wrong verkeerd

X
x-ray röntgenfoto

Y
yacht jacht
year jaar
yes ja
yesterday gisteren
yield (traffic) voorrang verlenen
you (sing. for.) u; (sing. inf.) jij;
  (pl. for.) u; (pl. inf.) jullie
young jong
youth jongeren
youth hostel jeugdherberg

Z
zebra crossing [BE] zebrapad
zero nul
zipper ritssluiting
zoo dierentuin

DUTCH–ENGLISH

A

aanbevelen recommend
aandringen insist
aangetekend registered (mail)
aangeven declare
aankleden v dress
aankomst arrivals
aansteker n lighter
aantrekkelijk attractive
aanvaarden accept
aanval attack
aanvang start
aanwijzen indicate
aanwijzingen directions (map)
aanzetten turn on
aardewerk pottery
aardig pleasant
accepteren accept
accijns duty
accu battery
achter behind
achterkant back (opposite of front)
acupunctuur acupuncture
adapter adapter
ademhalen breathe
ader vein
adres address
advocaat lawyer
afdeling department (general); ward (hospital)
afdrukken print
afhalen to go (food) [take away BE]
afleveren deliver (bring)
aflopen v end
afmeting measurement
afrit exit ramp
afschuwelijk awful
afslag highway [motorway BE] exit

afsluiten v lock
afspraak appointment
afstand distance
afstempelen validate
aftershave aftershave
afval trash [rubbish BE]
afwasmachine dishwasher
airco air conditioning
akkoord gaan agree
al already
alle all
alleen only (merely); alone (without company)
allergie allergy
allergisch allergic
alstublieft (a.u.b.) please
alternatief alternative
altijd always
aluminiumfolie aluminum [kitchen BE] foil
ambachten handicrafts
ambassade embassy
ambassadeur ambassador
ambulance ambulance
Amerikaan n American
Amerikaans adj American
andere other
annuleren cancel
ansichtkaart post card
antacidum antacid
antibiotica antibiotics
antiek antique
antiseptisch adj antiseptic
antivries antifreeze
annuleren cancel
apart separate
apparatuur equipment
appartement apartment
apotheek pharmacy [chemist BE]

arm arm
armband bracelet
aromatherapie aromatherapy
arriveren arrive
artritis arthritis
asbak ashtray
aspirine aspirin
assistentie assistance
astma asthma
atletiek athletics
audiogids audio guide
Australië Australia
authentiek authentic
auto car
autodek car deck (ferry)
autosnelweg highway
  [motorway BE]
autoverhuur car rental [car hire
  BE]
avond evening
avondeten dinner
avondkleding formal wear

B

baan job
baby baby
babybox playpen
babydoekjes baby wipes
babyvoeding baby food
bad bath
badkamer bathroom
badmeester life guard (pool)
bagageafhaalruimte baggage
  claim
bagage luggage [baggage BE]
bagagedepot luggage
  [baggage BE] check
bagagekluisjes luggage lockers
bagagewagentje luggage cart
  [baggage trolley BE]
bakkerij bakery
bal ball
balkon balcony
ballet ballet

band band
bank bank
banketbakker pastry shop
bar bar
basketbal basketball
batterij battery
bed bed
beddengoed bedding
bedienen work (operate)
bediening service
bediening inbegrepen service
  included
bedieningsgeld service charge
bedrag amount
bedrijf company (business)
bedrijvencomplex business
  center
beekje stream
been leg
beet bite
beginnen v begin
beginner beginner
begraafplaats cemetery
begrijpen understand
beha bra
behalve except
behandeling treatment
belangrijk important
belastingvrij duty free
België Belgium
bellen call
benzine gas [petrol BE]
benzinestation gas [petrol BE]
  station
benzinetank gas tank
bereiken reach
berg mountain
bericht message
beroemd famous
beroep profession
beroven rob
beschikbaar available
beschrijven describe
besmettelijk contagious

bestellen v order
bestemming destination
bestuurder driver
betalen pay
betaling payment
betekenen v mean
betrouwbaar reliable
bevatten contain
bevestigen confirm
bevriezen freeze
bevroren frozen
bewaren keep
bewegen move
bewust conscious
bewusteloos unconscious
bezem broom
bezet taken
bezienswaardigheid sight
   (attraction)
bezitten v own
bezoek n visit
bezoeken v visit
bezoekuur visiting hours
bibliotheek library
bijgewerkt updated
bijknippen v trim
bijna almost
bijten bite
bijziend near-sighted
   [short-sighted BE]
bikini bikini
binnen inside
binnenbad indoor pool
binnenkomen enter
binnenkomst entrance
binnenlands domestic
bioscoop movie theater [cinema
   BE]
bitter bitter
bizar bizarre
blaar blister
blaas bladder
bladeren browse
blauwe plek bruise

bleekmiddel bleach
blij happy
blijven stay
blikopener can opener
blind blind
blindedarm appendix
bloed blood
bloedarmoede anemia
bloeddruk blood pressure
bloedgroep blood group
bloeden bleed
bloem flower
bloemenwinkel flower shop
bloemist florist
bloes blouse
blokkeren v block
blootstellen expose
boarden boarding (airport)
boardingkaart boarding card
bocht curve
boek book
boekwinkel bookstore
boerderij farm
boete fine (police)
boksen boxing
bon receipt
boodschappen n shopping
boom tree
boottocht boat trip
bord plate
borgsom deposit
borst breast
borst geven breastfeed
borstel hairbrush
borstkas chest
bos forest
bot bone
botanische tuin botanical
   garden
bouwen build
boven above
bovenkant top
braaksel n vomit
brand n fire

brandalarm fire alarm
brandblusser fire extinguisher
branddeur fire door
brandstof fuel
brandtrap fire exit
brandweer fire department [brigade BE]
brandweerkazerne fire station
brandwond burn
breed wide
breken v break
breuk fracture
brief letter
brievenbus mailbox [postbox BE]
bril glasses (optical)
Brit n British
Brits adj British
Britse pond pound sterling
broche brooch
brochure brochure
broer brother
brommer moped
brug bridge
bruin brown
bruinen v tan
buiten outside
buitenbad outdoor pool
buitenlands foreign
buitenlijn outside line (phone)
buiten werking out of order
buitenwijk suburb
bus bus
busbaan bus lane
bushalte bus stop
bushokje bus shelter
business class businessclass
busroute bus route
busstation bus station
butagas butane gas

C

cadeau gift
cadeauwinkel gift store
café cafe

calorie calorie
camper mobile home
camping campsite
Canada Canada
capsule capsule (medication)
casino casino
cd CD
cd-speler CD player
certificaat certificate
chauffeur driver
check-in balie check-in desk (airport)
chemisch toilet chemical toilet
circuit racetrack
claxon horn
club club
code code
collect call collect call [reversed charges BE]
collega colleague
commissie commission
compact compact
computer computer
concert concert
concertgebouw concert hall
concessie concession
conciërge concierge
conditioner conditioner
condoom condom
conducteur ticket inspector
conferentie conference
conferentiezaal conference room
congres convention
congresgebouw convention hall
constant constant
constipatie constipation
consulaat consulate
contactlens contact lens
contactlensvloeistof contact lens solution
contant cash
controle n control
cosmetisch cosmetic

coupé compartment (train)
couvert cover charge
creditcard credit card
cruise *n* cruise
cruisen *v* cruise

D

daar there
dag day (time period); hello; goodbye
dagelijks daily
dak roof
dames women's restroom
dameskapper hairdresser
dameskleding ladieswear
dan then (time)
danken thank
dans *n* dance
dansen *v* dance
dat that
decoratief decorative
defect faulty
deken blanket
delen *v* share
Delfts blauw Delft blue
delicatessen delicatessen
denken think
deodorant deodorant
deposito deposit
detail detail
deur door
De heer (Dhr.) Mr.
de weg wijzen *v* direct
diamant diamond
diarree diarrhea
dichtbij near
dieet diet
dief thief
diefstal theft
dienblad tray
dienst *n* service
diep deep
diepvriezer freezer
dier animal

dierentuin zoo
diesel diesel
digitaal digital
dij thigh
dik thick
dineren dine
ding thing
directeur director
dirigent conductor
discotheek dance club
discountzaak discount store
dobbelsteen dice
doel purpose
dok dock
dokter doctor
donker dark
doodlopende weg dead end
doof deaf
dood dead
door through (movement); by (by means of)
doorgaand verkeer through traffic
doorlopend continuous
doorslikken swallow
doorspoelen *v* flush
doos box
dorp village
dorstig thirsty
dosering dosage
douane customs
douaneaangifteformulier customs declaration form
douanecontrole customs control
douche shower
dozijn dozen
draadloos wireless
draaien *v* turn (general); play (movie)
dragen wear (clothes)
drankje *n* drink
dringend urgent
drinken *v* drink
drogist drugstore [chemist BE]

dronken drunk
droog dry
druk busy
drukken press (clothing)
druppel drop (medication)
druppelen drip
duikbril goggles
dulken v dIve
duikerspak wetsuit
duim thumb
duizelig dizzy
dun thin
duren v take (time)
duur expensive
duwen push
dweil mop

E

echt real
echtgenoot spouse (male)
echtgenote spouse (female)
echtheid authenticity
eenheden units (phone card)
eenpersoonskamer single room
eenrichtingsstraat one-way
  street
eenrichtingsverkeer one-way
  (traffic)
eerst first
eerste klas first class
eerstehulp (EHBO) first aid
eetkamer dining room
eetlust appetite
eigen adj own
eigendom property
einde n end
elektrisch electric
elektronisch electronic
elk every
e-mail e-mail
e-mailadres e-mail address
en and
Engeland England
Engels English

enkeltje one-way [single BE]
  ticket
envelop envelope
epileptisch epileptic
ergens somewhere
ernstig serious
ervaring experience
essentieel essential
eten eat
e-ticket e-ticket
euro euro
Eurocheque Eurocheque
even briefly
evenement event
exact exact
excursie tour
expres express
extra adj additional

F

faciliteiten facilities
factor factor
familie family
fastfood fast food
favoriet favorite
fax fax
faxapparaat fax machine
faxnummer fax number
feestdag holiday
feestje party (social)
fiets bicycle
fietspad bicycle path
fietsen cycling
fietsroute bicycle route
fijn nice
file traffic jam
film film (camera); movie [film BE]
filter filter
fitnessruimte gym
flat apartment [flat BE]
flauwvallen v faint
fles bottle
flesopener bottle opener
flesvoeding formula (baby)

flits flash
floss dental floss
föhn hair dryer
fontein fountain
fooi tip
fopspeen pacifier [soother BE]
formulier form
fornuis stove
foto photograph
fotografie photography
fotorolletje film
fototoestel camera
fout mistake

G

gaan go
gaas gauze
galerie gallery
gang hallway (building); course (meal)
gangpad aisle
garage garage
garantie guarantee
garderobe coat check
gat hole
gate gate (airport)
gauw soon
gay club gay club
gebeuren happen
geboortedatum date of birth
geboren born
gebouw building
gebroken broken
gebruik n use
gebruiken v use
gebruikersnaam username
gebruiksaanwijzing instructions
gedenkteken memorial
geduldig adj patient
geel yellow
geen no
gefeliciteerd congratulations
gehandicapt disabled

geheugenkaart memory card
gehoorapparaat hearing aid
gekoeld refrigerated
geld money
geldig valid
geldautomaat ATM
geldopname withdrawal (money)
geldwisselkantoor currency exchange
geleden ago
geleidehond guide dog
gelijk adv level
gelukkig fortunately
genoeg enough
geopend open
gepensioneerd retired
geschenk gift
geschikt voor de magnetron microwaveable
geschikt suitable
getuige witness
geur smell
gevaarlijk dangerous
gevecht n fight
geven give
gevonden voorwerpen lost and found [lost property office BE]
gevorderd advanced
gewicht weight
gewricht n joint
gezelschap company (companionship)
gezicht face
gezichtsbehandeling n facial
gezin family (immediate)
gezondheid health
gezwel lump
gids guide (tour, book)
gif poison
gift donation
gisteren yesterday
gitaar guitar
glad icy
glas glass (drinking)

gloeilamp light bulb
gluten gluten
godsdienst religion
goed adj good
goederen freight
goedkeuren approve
goedkoop cheap
golf golf (game); wave (water)
golfbaan golf course
golfstok golf club
gootsteen sink
gordijn curtain
goud gold
graad degree
gracht canal
gram gram
grap joke
grappig funny
gras grass
grasduinen browse
gratis free of charge
graveren engrave
griep flu
groentewinkel produce store [greengrocer BE]
groep group
grondzeil groundcloth [groundsheet BE]
groot large
Groot-Brittannië Great Britain
grot cave
gymschoenen sneakers
gynaecoloog gynecologist

H

haar hair
haarspray hairspray
haast n rush
haasten v rush
hal hall (general); lobby (theater, hotel)
halal halal
hallo hello
half half

halsketting necklace
halte stop (bus, tram)
hamer hammer
hand hand
handbagage carry-on [hand BE] luggage
handdoek towel
handschoenen gloves
handtas purse [handbag BE]
handwerkwinkel craft shop
hangslot padlock
hard hard
hart heart
hartaanval heart attack
hartkloppingen palpitations
hartkwaal heart condition
haven harbor
hebben have
heel very
heerlijk lovely
heet hot
hek gate
helft n half
helling incline
helm helmet
helpen help
herenkapper barber
herenkleding menswear
herentoilet men's restroom
herhalen repeat
herinneren remember
hersenschudding concussion
hetzelfde same
heuvel hill
hier here
hij he
historisch historical
hobby hobby
hoe how
hoed hat
hoek corner
hoest n cough
hoesten v cough
hoeveel how much; how many

hoeveelheid amount
hoger zetten turn up
hond dog
honger hunger
hongerig hungry
honkbal baseball
hoofd head
hoofdpijn headache
hoofdweg main road
hoogte height
hooikoorts hay fever
horen hear
horloge watch
hotel hotel
houden keep
houden van v love
hout wood
houten hamer mallet
houtskool charcoal
huid skin
huis house
huishoudfolie plastic wrap
  [cling film BE]
hulp assistance
hulpdienst emergency service
huren rent
hut cabin
huurauto rental car
huwelijk wedding
huwelijksreis honeymoon

I
iemand someone
Ierland Ireland
iets something
ijsbaan skating rink
ijssalon ice-cream parlor
ijshockey ice hockey
ijzerwarenwinkel hardware store
ik I
illegaal illegal
imitatie imitation
in in
inbegrepen included (price)

ibuprofen ibuprofen
incheckbalie check-in desk
inchecken check-in
indigestie indigestion
infectie infection
informeel informal
informeren notify
informatie information
informatiebalie information desk
informatiebureau information
  office
ingang entrance
inhalen v pass
inhaalverbod no-passing zone
injectie injection
inloggen log on
innemen take (medication)
inpakken pack (suitcase); wrap
  (present)
inreisvisum entry visa
inrijden enter (traffic)
insectenbeet insect bite
insectenspray insect repellent
inslaan break
instant messenger
  instant messenger
instappers loafers
instorten collapse
instructeur instructor
insuline insulin
intensive care intensive care
interessant interesting
interesse interest (hobby)
internationaal international
Internationale Studentenkaart
  International Student Card
internet internet
internetcafé internet cafe
internetverbinding internet
  service
intoetsen enter
invullen fill out
invoegen merge (traffic)
invoeren insert

inwendig internally
inwerpen insert
inwoner resident
inwoners van de EU EU citizens

J

ja yes
jaar year
jaar oud aged
jacht yacht
jagen hunt
jas coat
jasje jacket
jazz jazz
jetlag jet lag
jetski jet-ski
jeugdherberg youth hostel
jeuk n itch
jij you (informal)
jodium iodine
jong young
jongen boy
jongeren youth
juist correct
jurk n dress
juwelier jeweler

K

kaak jaw
kaars candle
kaart card (credit card); map
  (directions)
kaartje ticket
kakkerlak cockroach
kalender calendar
kalmerend middel sedative
kam comb
kamer room
kamermeisje maid (hotel)
kamertarief room rate
kamperen v camp
kampvuur fire
kan jug
kanaal canal

kanker cancer
kanovaren canoeing
kant lace
kantoor office
kantoorbenodigdheden
  office supplies
kapot broken
kapper barber; hairdresser
kapsel hair cut
karaf carafe
kassa checkout; cash register
kassajuffrouw cashier
kasteel castle
kater hangover
kathedraal cathedral
keel throat
katoen cotton
keelpijn sore throat
keer time
kelder basement
kelner waiter
kelnerin waitress
kenmerk feature
kennen know
keramiek ceramics
kerk church
kerkdienst n service
ketel kettle
ketting chain
keuken kitchen
keukenpapier paper towel
kies v dial (phone)
kiespijn toothache
kijken v look
kilo kilo
kilometer kilometer
kind child
kinderarts pediatrician
kinderkleding children's clothing
kindermenu children's menu
kinderportie children's portion
kinderstoel highchair
kinderwagen stroller [pushchair
  BE]

kinderzitje car seat
kinderzwembad kiddie [paddling BE] pool
kiosk newsstand [news agent BE]
klaar ready
klanteninformatie customer information
klantenservice customer service
klas class
klederdracht costume (local)
kledingwinkel clothing store
klerenhanger coat hanger
klein small
klem clamp
kleur color
klier gland
klif cliff
kliniek clinic
klok clock
klomp *n* clog
klooster monastery
kloppen knock
kluis safe
knie knee
knippen *v* cut
knoop button
koekenpan frying pan
koel cool (temperature)
koelkast refrigerator
koerier courier
koffer suitcase
kok *n* cook
kom bowl
komen come
kookgelegenheid cooking facilities
koopje bargain
koorts fever
kopen buy
koper copper
kopie *n* photocopy
kopieerapparaat photocopier
kopiëren *v* photocopy
kopje cup

kort short
korte broek shorts
korting discount
koosjer kosher
kosten *v* cost
koud *adj* cold
kousen stockings
kraan faucet [tap BE]
kraanwater tap water
kramp cramps
krant newspaper
krap tight
krijgen get (receive)
kristal crystal
kroon crown (dental)
kruidenierswinkel grocery store [greengrocer BE]
kruier porter
kruis *n* cross
kruispunt intersection [junction BE]
krukken crutches
kwitantie receipt
kuil pothole (road)
kunnen *v* can
kunstenaar artist
kunstgalerie art gallery
kunstgebit denture
kurkentrekker corkscrew
kussen *n* pillow; *v* kiss
kust coast
kuuroord spa
kwaliteit quality
kwart quarter
kwijt missing

L

laag low
laantje lane
laarzen boots
laat late
laatste last
label label
lactose-intolerant lactose intolerant

ladder ladder
lager zetten turn down (volume, heat)
laken sheet
lamp lamp
land country
landen v land
landnummer country code
lang long
lange broek pants [trousers BE]
langzaam slow
laten zien show
lawaaierig noisy
laxerend middel laxative
ledikant cot
leeg *adj* empty (general); dead (battery)
leegmaken v empty
leer leather
legaal legal
legitimatiebewijs ID
lekken v leak
lekker delicious
lelijk ugly
lenen borrow (from); lend (to)
lengte height (person); length (general)
lens lens
lensdop lens cap
lepel spoon
leren learn
les lesson
leuk vinden enjoy
lcunon loan
leven life
lever liver
levering delivery
lezen read
licht light
lichten headlights (car)
lichting collection (mail)
lid member
liefde *n* love
lift elevator [lift BE]

ligstoel deck chair
lijn line
limousine limousine
links left
linnen linen
lip lip
lippenstift lipstick
llter liter
logeren stay (overnight)
logies accommodations
logies-ontbijt bed and breakfast
lokaal local
loket ticket office
long lung
longontsteking pneumonia
loodvrij unleaded (gasoline)
lopen v walk
los loose
losschroeven unscrew
loterij lottery
lucht air
luchtbed air mattress
luchtpomp air pump
luchtpost airmail
luchtvaartmaatschappij airline
luchtziekte airsickness
lucifers matches
luid loud
luier diaper [nappy BE]
luik shutter
lunch lunch

M

maag stomach
maagpijn stomachache
maaltijd meal
maand month
maandverband sanitary napkin [pad BE]
maar but
maat size
maatbeker measuring cup
maatlepel measuring spoon

machine machine
magnetron microwave (oven)
magnifiek magnificent
maken make
make-up make-up
makkelijk easy
man man; husband
manager manager
mand basket
manicure manicure
mannelijk male
markt market
mascara mascara
masker mask
massage massage
matinee matinee
matras mattress
mededelingenbord bulletin
  board
medicijn medication
medische nooddienst
  emergency medical service
meedoen join
meegaan accompany (go with);
  last (keep)
meenemen v take
meer n lake; adj more
meisje girl
meneer Mr.
menstruatie period
menstruatiepijn menstrual
  cramps
menukaart menu
mes knife
met with
metaal metal
meten measure
metro subway [underground BE]
metrostation subway
  [underground BE] station
meubels furniture
Mevrouw Mrs.; madam
middag afternoon
middernacht midnight

migraine migraine
mijn mine
minder less
minibar mini-bar
minimum minimum
minuut minute
mis mass
misschien maybe
misselijk nauseous
misselijkheid nausea
mist fog
misverstand misunderstanding
mobiel cell [mobile BE] phone
modern contemporary
moe tired
moeilijk difficult
moeras swamp
moeten must
mogelijk possible
mogen v can
mok mug
molen windmill
mond mouth
monteur mechanic
mooi beautiful
morgen tomorrow
moskee mosque
motor engine
motorboot motorboat
motorfiets motorcycle
mountainbike mountain bike
mouw sleeve
muggenbeet mosquito bite
munt coin
museum museum
muur wall
muziek music

N

na after
naaien sew
naam n name
naar to
naast next to

nacht night
nachtapotheek all-night pharmacy
nachtclub night club
nagel nail
nagelsalon nail salon
nagelvijl nail file
nagesynchroniseerd dubbed
nat wet
nationaliteit nationality
natuur nature
natuurpad nature trail
natuurreservaat nature reserve
Nederlands Dutch (language)
Nederlanders Dutch (people)
nee no
neerzetten put
nek neck
nemen v take
netnummer area code
netwerk network
neus nose
niemand nobody
nier kidney
niet do not; not
niet-EU-ingezetenen non-EU-citizens
niet-roken non-smoking
niets nothing
nieuw new
nieuws news
Nieuw-Zeeland New Zealand
nodig necessary
nodig hebben need
nog adv still
non-stop non-stop
noodgeval emergency
noodrem emergency brake
nooduitgang emergency exit
nooit never
noord north
normaal normal; regular (gas)
nu now
nul zero

nummer number
nylon nylon

O

ochtend morning
of or
ogenblik moment
oké OK
olie oil
om at (time)
omdat because
omhelzen hug
omleiding detour [diversion BE]
onbeleefd rude
onbeperkt unlimited
onbevoegd unauthorized
onder under
ondertiteld subtitled
onderzoek examination
ondiep shallow
ongelijk uneven (ground)
ongelooflijk incredible
ongeluk accident
ongeveer about (approximately)
onschuldig innocent
ontbijt breakfast
ontdooien defrost
onthouden remember
ontmoeten meet
ontmoetingsplaats meeting place [point BE]
ontruimen vacate (room)
ontsteken infect
ontsteking inflammation
ontstopper plunger
onttrekken v extract
ontvangen receive
ontvangstcentrum reception center
ontwikkelen develop
ontwrichten dislocate
onvergezeld unaccompanied
onze our
onzin nonsense

oog eye
ook also
oom uncle
oor ear
oorbellen earrings
oordruppels ear drops
oorlogsmonument war memorial
oorpijn earache
oost east
op on
opdienen serve
open adj open
openbaar public
opendoen v open (window)
openen v open
openingstijden office hours
openlucht adj outdoor
openmaken open
opera opera
operatie operation
opgezet swollen
ophalen v pick up
oplossen dissolve
opnemen withdraw (money)
oppas babysitter
oppassen caution; beware
oprit entrance ramp (highway)
oproep call
opruiming clearance; sale
opslaan save (computer)
opstaan stand up
opstijgen take off (plane)
opvullen fill up
opticien optician
opwarmen v warm
organiseren organize
origineel original
orkest orchestra
oud old
oudere senior citizens
ouders parents
ovaal oval
oven oven
over about

overbagage excess luggage
[baggage BE]
overdekt indoor
overgeven v vomit
overhemd shirt (men's)
overstappen v change (bus)
oversteken v cross
overtocht crossing

P

paar pair
paard horse
paardenrenbaan horsetrack
paardrijden horseback riding
paars purple
pad path
pak suit
pakket package [parcel BE]
paleis palace
panorama panorama
pantoffels slippers
paracetamol acetaminophen
[paracetamol BE]
parasol umbrella (sun)
[sunshade BE]
paraplu umbrella (rain)
parel pearl
park park
parkeer en reis park and ride
parkeerdienst valet service
parkeergarage parking garage
[car park BE]
parkeermeter parking meter
parkeerplaats parking lot
[car park BE]
parkeerplek parking space
parkeerbon parking ticket
parkeerverbod no parking
parkeren parking
particulier private
parttime part time
paskamer fitting room
paspoort passport
passagier passenger

passen try on (clothes)
patiënt n patient
pauze intermission
paviljoen pavilion
pech breakdown (car)
pedicure pedicure
pen pen
penicilline penicillin
pensioen retirement [pension BE]
pension guesthouse
per per
per expres express mail
periode period
persen v press
personeel staff
persoon person
picknick picnic
pijn n pain
pijn hebben v hurt
pijnlijk sore
pijp pipe
pil pill
PIN PIN
pincet tweezers
pizzeria pizzeria
plaats place (location); seat (on train, etc.)
plaatselijk local
plak slice
plan plan
plant n plant
planten v plant
plastic plastic
plat flat
platina platinum
plein square
pleister bandage [plaster BE]
plezier fun
plug plug
polikliniek health clinic
politie police
politiebureau police station
polyester polyester

pomp pump
pond pound
populair popular
porselein porcelain
portemonnee wallet
portie portion
post n mail
posten v mail
postkantoor post office
posttarief postage
postwissel money order
postzegel n stamp
pot pot
praktijk practice
praten talk
prepaidkaart prepaid phone card
pretpark amusement park
prijs price
prijsverlaging discount
prima fine (good)
primus kerosene stove
privé private
probleem problem
proces-verbaal police report
proeven v taste
programma program
proost cheers
pub pub
publiek public
pyjama pajamas

R

raam window
raadplegen consult
racket racket (tennis)
rapport report
reactie reaction
recept prescription
receptie reception
receptionist receptionist
recht straight
rechts right (direction)
rechtstreeks adj direct
reddingsboot life boat

reddingsgordel life preserver [belt BE]
reddingsvest life jacket
reduceren reduce
reformproducten health food
reformwinkel health food store
regen n rain
regenen v rain
regenjas raincoat
relatie relationship
reis trip
reisbureau travel agency
reischeque traveler's check [cheque BE]
reisgids tour guide
reisorganisator tour operator
reisziekte motion sickness [travel sickness BE]
reizen travel
rekening bill
rem brake
renbaan racetrack [race course BE]
rennen run
renovatie renovation
reparatie n repair
repareren v repair
reserveren v reserve
reservering reservation
reserveringsbalie reservation desk
reservoir reservoir
restaurant restaurant
restauratiewagen dining car (train)
retourtje round-trip [return BE] ticket
richting direction
riem belt
rietje straw
rij line [queue BE]
rijbaan lane
rijbewijs driver's license
rijden drive

rijstrook lane
ring ring
ritssluiting zipper
rivier river
roeiboot rowboat
roeien row
roestvrij staal stainless steel
route route
rok skirt
roken v smoke; smoking section (restaurant)
rokerszone smoking area
rolstoel wheelchair
rolstoelopgang wheelchair ramp
roltrap escalator
roman novel
romantisch romantic
rond round (shape); around (direction)
rondleiding guided tour
rondvaart boat trip
röntgenfoto x-ray
roomservice room service
roos rose
rotonde traffic circle [roundabout BE]
rots rock
route route
roze pink
rug back (body part)
rugby rugby
rugpijn backache
rugzak backpack
ruilen exchange
ruimte space
rusten v rest
ruïne ruins
rustgebied rest area
rustig quiet

S

's avonds in the evening
's middags p.m.
's morgens a.m.

sms'en v text messaging
saai boring
sandalen sandals
satijn satin
sauna sauna
schaakspel chess
schaal scale
schaar scissors
schaatsen n skates; v ice-skating
schade damage
schadeclaim insurance claim
schaduw shade
schattig cute
scheerapparaat razor
scheerkwast shaving brush
scheermesje razor blade
scheerzeep shaving cream
scheiden divorce
schep shovel
scheren shave
scherp sharp
scheuren tear (muscle)
schilderij painting
schip ship
schoen shoe
schoenenwinkel shoe store
schoenmaker shoe repair
schok shock
schoon clean
schoonmaakmiddelen cleaning
  supplies
Schotland Scotland
schouder shoulder
schrijven write
schroevendraaier screwdriver
seks sex
selecteren choose
seminar seminar
servet napkin
shampoo shampoo
sieraden jewelry
siertegel decorative tile
sigaar cigar
sigarenwinkel tobacconist

sigaret cigarette
single single (person)
sjaal scarf
slaapkamer bedroom
slaappil sleeping pill
slaapwagen sleeping car
  [sleeper car BE]
slaapzak sleeping bag
slabbetje bib
slager butcher
slagveld battle site
slapeloosheid insomnia
slapen sleep
slecht bad
slechts only
slechthorend hearing impaired
slechtziend visually impaired
sleutel key
sleutelkaart key card
sleutelring key ring
slijter liquor store [off-licence BE]
slot n lock
sluiten v close
smaak n taste
smal narrow
smaragd emerald
snackbar snack bar
snel fast
snelheid speed
snelheidslimiet speed limit
snelweg highway [motorway BE]
sneeuw n snow
sneeuwen v snow
snijwond n cut
snoepwinkel candy store
  [confectioner BE]
snorkelen snorkle
sokken socks
soms sometimes
soort kind (type)
sorry sorry
soulmuziek soul music
souvenir souvenir
souvenirgids souvenir guide

souvenirwinkel souvenir store
spaarrekening savings account
spatel spatula
speciaal special
specialist specialist
speelgoed toy
speelgoedwinkel toy store
speelhal arcade
speeltuin playground
spelen play
spellen v spell
spelletje game
spiegel mirror
spier muscle
spijkerbroek jeans
spijkerstof denim
spitsuur rush hour
spons sponge
spoor platform
sport sport
sportwinkel sporting goods store
sportvereniging sports club
spreken speak
spreekkamer doctor's office
  [surgery BE]
spullen things
staal steel
staan stand
staanplaats standing room
stad town
stadhuis town hall
stadion stadium
stadscentrum downtown area
stadsplattegrond town map
stadsplein town square
standaard standard
standby-ticket stand-by ticket
starten v start
stadion stadium
standbeeld statue
station train [railway BE] station
steegje alley
steek bite (insect)
steelpan saucepan

steil steep
stelen steal
stempelen stamp
steriele oplossing sterilizing
  solution
sterk strong
sterling zilver sterling silver
steward flight attendant
stijf stiff
stijl n style
stilist stylist
stoep sidewalk [pavement BE]
stof fabric
stofzuiger vacuum cleaner
stomerij dry cleaner
stomen v steam
stopcontact electrical outlet
stoppen stop
stoplicht traffic light
storen disturb
straat street
strand beach
strandboulevard seafront
strandmeester lifeguard (beach)
streek region
strijken v iron
strijkijzer n iron
strippenkaart bus ticket
stroom stream (flow); electricity
  (power)
stroomversnelling rapids
stropdas n tie
student student
studeren study
stuifmeelgehalte pollen count
stuk piece
stylen v style
sufheid drowsiness
suikerpatiënt diabetic
sun-block sun-block cream
super premium (gas) [super BE]
supermarkt supermarket
surfplank surfboard
sweatshirt sweatshirt

symbool symbol
symptoom symptom
synagoge synagogue
synthetisch synthetic

T
T-shirt T-shirt
tv TV
taai tough
taalcursus language course
taalgids phrase book
tabak tobacco
tablet tablet
tafel table
takelwagen tow truck
tampon tampon
tand tooth
tandarts dentist
tandartspraktijk dental office
tandenborstel toothbrush
tandpasta toothpaste
tapijt carpet
tas bag
taxi taxi
taxistandplaats taxi stand [rank BE]
te too
team team
techniek engineering
teen toe
tegel tile
tegenover opposite
te kauwen chewable
tekenen v sign (signature)
te koop for sale
tekst n text
telefoneren v call (phone)
telefonist telephone operator
telefoon telephone
telefoongesprek phone call
telefoongids phone directory
telefoonkaart phone card
telefoonnummer phone number
telefoonzuil pay phone

temperatuur temperature
tenger petite
tenminste at least
tennis tennis
tennisbaan tennis court
tent tent
tentharing tent peg
tentstok tent pole
terminal terminal
terugbetaling n refund
terugbrengen v return (thing)
terugkomen v return (person)
terwijl while
theater theater
theelepel teaspoon
thermometer thermometer
thermosfles thermos
thuis home
tijd time
tijdschrift magazine
tin pewter
tint tint
tissue tissue
toebehoren belong
toegang access; admission
toegangsprijs admission charge
toestaan v permit
tourist tourist
toeristische rondrit sightseeing tour
toernooi tournament
toeslag surcharge
toestel extension (phone)
toezicht supervision
toilet restroom [toilet BE]
toiletpapier toilet paper
tol toll
tolhuisje toll booth
tolk interpreter
tolweg toll road
toneelstuk play (theater)
tonen v show
tong tongue
toren tower

tot until
touringcar long-distance bus
touw rope
traditioneel traditional
tram tram
trap stairs
trein train
trekken pull
trottoir sidewalk [pavement BE]
trouwen marry
trui sweater
tuin garden
tumor tumor
tunnel tunnel
tussen between
twaalf uur 's middags noon [midday BE]
tweedehandswinkel secondhand store
tweede klas economy class
tweepersoonskamer double room

U

u you (formal)
uit from (destination); out (general)
uitchecken check out
uitgaan go out
uitgids entertainment guide
uitgang n exit
uitgeput exhausted
uitgeven spend
uitgezonderd except
uitkijkpunt vantage point, overlook
uitkleden undress
uitloggen log off
uitnodigen v invite
uitrit exit
uitrusting equipment
uitslag rash
uitsluitend exclusively
uitspreken pronounce

uitstappen get off
uitstekend terrific
uitverkocht sold out
uitzetten turn off
uitzicht view
uur hour

V

vaak adv frequent
vacature vacancy
vakantie vacation [holiday BE]
vakantiehuisje cottage
valhelm helmet
vallei valley
vallen v fall
valuta currency
vanavond tonight
vandaag today
vasthouden v hold
vast menu fixed-price menu
vechten v fight
veerboot ferry
veganist vegan
vegen wipe, sweep (clean)
vegetariër n vegetarian
vegetarisch adj vegetarian
veilig safe
veiligheid safety
veiligheidsgordel seat belt
veiligheidsspeld safety pin
veilig voor kinderen childproof
veld field
ventilator n fan
ver far
verband bandage
verbazingwekkend amazing
verbeteren improve
verbinding connection
verbinding maken connect
verbinding verbreken disconnect
verboden prohibited
verboden toegang keep out
verbreken disconnect

verdieping floor (level in building)
verdovingsmiddel anesthetic
verdrinken drown
verdwaald lost
vereist required
Verenigde Staten U.S.
verf paint
vergadering meeting
vergaderruimte meeting room
vergeten forget
vergoeden v refund
vergoeding n refund
vergunning permit
vergroten enlarge
verhuizen move
verhuren rent out
verjaardag birthday
verkeerd wrong
verkeer traffic
verkeersovertreding traffic
   violation [offence BE]
verkeersvrij gebied pedestrian
   zone [precinct BE]
verklaring statement
verkoop sale
verkopen sell
verkoudheid cold (flu)
verkrachting rape
verlamming paralysis
verliezen lose
verloofd engaged (marriage)
verloofde fiance
verloren lost
vermaken alter
verminderen reduce
verontschuldigen apologize
verpleegster nurse
verplicht mandatory
verrekken strain (muscle)
verrekijker binoculars
vers fresh
verschonen change (baby)
verschuldigd zijn owe
versie version

versnapering refreshment
versnelling gear
versperd blocked
verstellen mend (clothes)
verstopt blocked
verstuiken twist (ankle)
versturen send (general); mail
   (mail)
vertalen translate
vertaler translator
vertaling translation
vertellen tell
vertraagd delayed
vertraging delay
vertrek departures (airport)
vertrekgate departure gate
vertrekken v leave
vervaldatum expiration [expiry
   BE] date
vervangen replace
vervangingsonderdeel
   replacement part
vervelend unpleasant
verven v paint
vervoer transport
verwarming heat [heating BE]
verwijderen remove (general);
   delete (computer)
verwonden injure
verzekering insurance
verzekeringsbewijs insurance
   card [certificate BE]
verziend far-sighted
   [long-sighted BE]
videospelletje video game
vierkant square
vies dirty
vijver pond
vinden find
vinger finger
vissen fishing
visitekaartje business card
visum visa
vitrine display case

vlek stain
vlieg n fly
vliegen v fly
vliegtuig airplane
vliegveld airport
vlo flea
vlooienmarkt flea market
vlucht flight
vluchtinformatie flight
information
vluchtnummer flight number
vochtig damp
vochtbrengende crème
moisturizer
voeden feed
voedsel food
voedselvergiftiging food
poisoning
voelen feel
voertuig vehicle
voet foot
voetbal soccer [football BE]
voetganger pedestrian
voetgangersgebied traffic-free
zone
voetgangersoversteekplaats
pedestrian crossing
voetpad footpath
vogel bird
vol full
volgen follow
volgende next
volleybal volleyball
voltage voltage
volwassene adult
voor before (time)
voorbeeld example
voorbehoedsmiddel
contraceptive
voordat before
voorkant front
voorrang right of way
voorrang verlenen yield
[give way BE]

voorruit windshield [windscreen BE]
voorstellen introduce (person);
suggest (subject)
voorstelling performance
voortreffelijk superb
voorzichtig careful
vorige adj last
vork fork
vorm shape
vrachtwagen truck [lorry BE]
vragen ask
vreemd strange
vreselijk terrible
vriend friend (male); boyfriend
vriendelijk friendly
vriendin friend (female); girlfriend
vrij free (no charge); vacant
(unoccupied)
vroeg early
vrouw woman; wife
vrouwelijk female
vuilnis trash [rubbish BE]
vuilniszak trash bag
vullen fill
vulling filling
vuur fire
vuurtoren lighthouse
VVV tourist office

W

waar where (location); true
(accurate)
waarde value
waardevol valuable
waarschuwing warning
wachten wait
wachtkamer waiting room
wachtwoord password
wagentje cart [trolley BE]
wagon car
wakker maken wake (someone)
Wales Wales
wandelen walking (general);
hiking (on trail)

wandelpad walkway; trail (nature)
wandelroute walking route
wandeluitrusting hiking gear
wanneer when
warenhuis department store
warme bron hot spring
wasbaar washable
wasknijper peg
wasmachine washing machine
wasmiddel detergent
wassen wash
wasserette laundromat [launderette BE]
wasserij laundry service
wastafel sink
wat what
water water
waterski's water skis
waterskiën waterskiing
waterdicht waterproof
waterval waterfall
wedden bet
wedstrijd contest (general); game (sport)
weduwe widowed (female)
weduwnaar widowed (male)
week week
weekdag weekday
weekend weekend
weekendtarief weekend rate
weer weather
weerbericht weather forecast
weg n road; adv away
wegen weigh
wegenkaart road map
wegwerpbaar disposable
weiland field
weinig few
wekdienst wake-up call service
wekker alarm clock
welke which
welkom welcome
wenkbrauw eyebrow
wens wish

werk n work
werkeloos unemployed
werken v work
wesp wasp
west west
wie who
wieg crib [child's cot BE]
wielerwedstrijd cycling race
wielklem clamp
wij we
wijngaard vineyard
wijnkaart wine list
wijnproeven wine tasting
wijzigen v change
wind wind
winderig windy
windjack windbreaker
windmolen windmill
windsurfen windsurfing
winkel store
winkelbediende shop assistant
winkelcentrum shopping mall [centre BE]
winkelen v shopping
winkelmandje shopping basket
winkelplattegrond store guide [directory BE]
winkelwagentje shopping cart [trolley BE]
wisselen exchange
wisselgeld change
wisselkantoor currency exchange office
wisselkoers exchange rate
wit white
wol wool
wonen live
woonerf residential zone
woordenboek dictionary
worden become

Z

zakdoek handkerchief
zaken business

zakencentrum business district
zaklantaarn flashlight [torch BE]
zand sand
zebrapad crosswalk
[zebra crossing BE]
zee sea
zeep soap
zeespiegel sea level
zeeziek seasick
zeggen say
zekeringkast fuse box
zeldzaam rare
zeker sure
zelfbediening self-service
zelfgemaakt homemade
zelfstandig self-employed
zetpil suppository
ziek sick [ill BE]
ziekenhuis hospital
ziektekostenverzekering
  health insurance
zien see
zijde silk
zilver silver
zinsnede phrase

zitplaats seat
zitten sit
zoet sweet
zon sun
zonder without
zonnebaden sunbathe
zonnebrand sunburn
zonnebrandcrème sunscreen
zonnebril sunglasses
zonnesteek sunstroke
zout n salt; adj salty
zuid south
zuigfles baby bottle
zuivel dairy
zuivelproducten dairy products
zuiver pure
zuurstof oxygen
zwaar heavy
zwanger pregnant
zwelling swelling
zwembad swimming pool
zwembroek swimming trunks
zwemmen swimming
zwempak swimsuit
zwemvest life jacket